Em busca dos sabores perdidos

Nilza Mendonça

Textos e entrevistas
Raquel Chaves

Fotografias
Gentil Barreira

Consultoria técnica
Bruno Modolo
Ivan Prado

Projeto gráfico
Andrea Araújo

Capa e design
Barbara De Salvi

Ilustrações
Shutterstock

Revisão
Cariny Cardoso de Sousa
Cleisyane Quintino

Dados Internacionais de Catalogação na Publicação (CIP)

Mendonça, Nilza.
Em busca dos sabores perdidos. / Nilza Mendonça; texto e entrevistas Raquel Chaves; apresentação Ivan Prado; consultoria técnica Bruno Modolo e Ivan Prado; fotografia Gentil Barreira. Fortaleza: Senac Ceará, 2015.
250 p. il.

ISBN: 978-85-99723-29-6

1. Gastronomia brasileira. 2. Culinária regional. 3. Culinária cearense - Receitas e preparo. 4. Culinária cearense – aspectos culturais I. Chaves, Raquel. II. Prado, Ivan. III. Modolo, Bruno. IV. Barreira, Gentil. V. Título

CDD 641.5092
641.59813

Editora Senac Ceará
Av. Tristão Gonçalves, 1245 – Centro
Fortaleza – CE – CEP 60015-000
editora@ce.senac.br
www.ce.senac.br

Fortaleza
2015

Em busca dos sabores perdidos

Nilza Mendonça

Senac

Sumário

História de vida contada em receitas

Estou sorrindo com os cinco sentidos. Olhei primeiro, e depois toquei o livro de Nilza e comecei a folheá-lo. Cada vai e vem dessas mais de 240 páginas fez-me ouvir o tilintar das panelas. E ouvir o assobio do vento nas plantas e o estalar das folhas no chão sertanejo quando andamos sobre elas. Ouvi ainda o canto dos bichos que enfeitam serras, mares, rios, ruas e sertões. Também revi mesas e cozinhas fartas, de comida e de gente. Senti cheiros e sabores de infância e de futuro – sim, porque a riqueza do que está descrito aqui vai ser levado às gerações que virão.

Fui aluno da Tia Nilza, como tantos outros. Hoje, considero-me discípulo eterno e permaneço atento a cada orientação sua. Conselhos vindos dela são preciosos. Nilza é alquimista. Experimenta, erra, acerta e aprende com os erros. Leva os acertos adiante e aprimora-os, todo e qualquer deles. Ela também inventa, encanta e diz, acertadamente, que "cozinha é alquimia e experimentação". O Senac Ceará começou a apostar em Nilza Mendonça há mais de 20 anos. Por ela, para quem ensinar é sinônimo de prazer, já passaram cerca de 6 mil alunos em nossa casa.

"Quando comecei a ter a arte culinária como profissão, passei a testar mesmo – quase tudo o que via pela frente em minhas andanças. Mas não esqueçamos que pesquiso muito antes de preparar receitas com produtos que não são comuns em nosso cardápio. Verificar possíveis restrições para o consumo humano e as propriedades nu-

tricionais de cada alimento faz parte da minha rotina de "garimpeira" de novos sabores." Como é bom ler Tia Nilza, anunciando a que veio em sua primeira obra literária!

No universo digital, o HD (*Hard Disk* ou Disco Rígido) é a memória permanente do computador, que armazena todas as informações que são salvas pelo usuário, além de aplicações próprias do sistema operativo. Há um bom tempo, aqui no Senac, brincamos que precisávamos copiar o "HD" de Nilza Mendonça. Ela ria e dizia, levando o dedo indicador à cabeleira loira: *"É só chamar. Tenho tudo aqui gravado na cabeça"*. Tanto chamamos, que ela finalmente aceitou. Uma pequena parte do "HD" da Tia, da Vó, da Mãe, da Amiga e da Professora Nilza Mendonça está aqui.

Esta obra é uma espécie de história da vida contada em receitas, registradas de forma encantadora pelo fotógrafo Gentil Barreira. Enfatizo que este é um primeiro livro, e que vai apresentá-la como uma pesquisadora de ingredientes. De fácil leitura, é destinado a um público variado, mas principalmente aos profissionais da Gastronomia que buscam uma cozinha de raiz, de identidade, e socialmente responsável. Uma cozinha pela qual Nilza passou mais de 40 anos oferecendo carinho e somando saberes; experimentando e ensinando a magia de conhecer os alimentos a fundo e misturá-los. Alguns destes, poucos sabiam ou percebiam ser degustáveis.

- E é pra comer?
- Vamos descobrir agora.
- Dona Nilza, aqui na minha cidade tem tanta jaca nas jaqueiras que acabam apodrecendo porque não sabemos o que fazer com elas.

- Diga isso não...

- E já na minha cidade tudo é muito caro porque a gente compra de fora.

- E tem algo pra comer que vem do chão? Ou do mar, por exemplo?

- Tem só o básico.

- Me diga o que tem.

- O que tem "de muito" não é de comer, não. Tem muito cacto, né? Tem o mandacaru, tem a palma-forrageira. No mar, tem a taioba, mas nada disso a gente come não, senhora.

- Pois vamos já nos embrenhar por aí e descobrir. E testar, inventar, comer e se fartar.

O diálogo, *ipsis litteris*, é fictício, mas baseado em lembranças e histórias reais. Porque Nilza não decepciona a natureza e aproveita o que ela tem de melhor. Muitas vezes, costumamos não perceber as potencialidades culinárias à nossa volta. Esquecemos de prestar atenção nos presentes que a natureza nos oferece e desperdiçamos oportunidades de saboreá-la e, até mesmo, de ousar sobre os ingredientes. Precisamos ser mais curiosos, é o que Tia Nilza tenta ensinar.

Inconformada com tantos ingredientes e sabores se perdendo por aí, Nilza reuniu em seu primeiro livro mais de 100 receitas. Estou certo, contudo, que em seu "HD" ainda existem outras dezenas – e espero que logo sejam publicadas também. Nos próximos cinco capítulos, vamos descobrir o que fazer com tanta fartura à disposição e, que, ao mesmo tempo, não a percebemos como ingredientes. Há ainda, novidades em cima de vários alimentos bastante conhecidos e utilizados, mas que ganham novas versões no modo de Nilza enxergá-los.

"Bravas plantas sertanejas" dá início à obra, embrenhando-se pelo sertão dos mandacarus, algarobas, palmas-forrageiras, macaxeiras, carnaúbas, jatobás, inhames... Absolutamente tudo comestível. E de-li-ci-o-so nas panelas de Nilza. As frutas mais conhecidas que abundam na região serrana deram origem ao capítulo seguinte: "O chão farto que busca o céu" – banana, abacate, jaca e outras tantas reinam nessa terra farta e atiçam o imaginário de qualquer um que se atreve a cozinhar.

"Que sabor sua rua tem?" atenta para o olhar curioso da "menina" Nilza. Como se fôssemos crianças, ela defende que exploremos mais nossas ruas, praças e mercados. E que atentemos para o jambo, o coco-babão, o jamelão, a castanhola, a munguba e tantas outras frutas que ficaram esquecidas e nem ao menos são lembradas como comestíveis. Em "Um pomar, tantas receitas", ela explora frutas que nos são tão comuns e cujas potencialidades, muitas vezes, não aproveitamos. É onde nasce a sopa de melancia, o molho à base de goiaba para pratos salgados, o aluá com tamarindo, a almôndega de caju.

Por fim, "Mares, rios, areias e sabores" agrega elementos de águas doces e salgadas, de suas margens e vizinhanças. O capítulo é um convite à leitura embalada por um balanço de rede (essa é a minha dica...). Por mim, também no balanço da rede eu saborearia a mal-assada de taioba, a sardinha crocante na farinha de milho, as ovas de tambaqui. É só folhear e compreender as orientações de Nilza à risca, permitindo-se ousar, criar e experimentar, como ela mesma ensina e reforça ao longo de todo o livro.

O conhecimento que Nilza nos repassa de forma empírica, não acadêmica, por vezes, é muito mais do que aprendemos na universidade. Com ela, somos orientados a não perder o olhar-curioso-de-criança-de-7-anos. Sejamos nós "crianças" de 5, 7, 15, 30, 90 anos. No meio dessa minha "infância" de 30 anos já vividos, foi Tia Nilza quem me apresentou o inhame-aéreo (ou cará aéreo), por exemplo. Não fazia ideia de que ele existia quando me foi apresentado: um tubérculo que nasce de uma trepadeira, achatadinho, lembrando uma pata de elefante. Muito feio aos meus olhos curiosos, mas de um sabor fenomenal. Presente da mente inquieta e vasculhadora de Nilza.

Esse foi o início de um saboroso bate-papo com você, leitor. Tenho o prazer de deixá-lo agora com ela, Nilza Mendonça, essa criança crescida que nunca para de perguntar o porquê. Que tem cara e jeito de tiazinha, no melhor dos sentidos. Ou daquela avó com quem adoramos passar uma tarde inteira conversando – e até de colocá-la no colo! Nas capitais com quase nenhum arranha-céu, eram nas grandes cozinhas dos avós e também nos quintais que se manipulavam os temperos como quem brinca com eles – ensina essa querida chef.

Apresento-lhe uma profissional de essência, alma e coração. E que tem papel fundamental como cozinheira, pensadora e pesquisadora da Gastronomia cearense. Uma mulher que sempre soube valorizar a cozinha regional, seus costumes e personagens. Seria injusto para a sociedade não deixar esse legado de Nilza Mendonça, que tem assunto para vários outros livros. Isso quer dizer que esta história pode não acabar aqui...

Ivan Prado
Chef e consultor gastronômico
do Senac Ceará

Bravas plantas sertanejas

"Hoje, temos um processo curioso de nostalgia, por parte dos turistas e das camadas médias urbanas, de um sertão que eles talvez nunca tenham conhecido. É quando se instalam os restaurantes temáticos, verdadeiras cenografias de taipa, com fogões de lenha e a recuperação de cardápios que se perderam no tempo"

Gilmar de Carvalho,
no livro Tramas da Cultura – Comunicação e Tradição, de 2005

Certa vez, em Banabuiú (a 224 quilômetros de Fortaleza), uma aluna me fez enxergar melhor uma das riquezas do nosso sertão, um vegetal importante para a restauração de solos degradados de regiões semiáridas. Numa abordagem interessada (fascinam-me alunos curiosos), fez-me lembrar que por ali o mandacaru abundava. "A gente pode fazer algo com ele?". Foi quando atentei que ele poderia resistir bravamente às secas, mas, talvez não, ao calor das nossas panelas. Lembrei as heranças avoengas e o tempo em que apreciávamos, na infância em Guaraciaba do Norte, o sabor do mandacaru.

"Traga os mandacarus", pedi-lhe, "mas não me dê os espinhos" – rimos juntas. E assim foi. O marido cortou algumas plantas e retirou-lhes os espinhos. Ela me trouxe quatro ou cinco pedaços. Cozinha é alquimia, é experimentação. Quando comecei a ter a arte culinária como profissão, passei a testar mesmo quase tudo o que via pela frente em minhas andanças. Mas não esqueçamos que pesquiso muito antes de preparar receitas com produtos que não são comuns em nosso cardápio. Verificar possíveis restrições para o consumo humano e as propriedades nutricionais de cada alimento faz parte da minha rotina de "garimpeira" de novos sabores.

Voltando a Banabuiú. Por ali mesmo, separei a casca dos mandacarus que descortinou belos palmitos. Foi quando pensei em elaborar algo salgado e outro doce. Resultados acertados: ensopado de tomate com palmito de mandacaru e, de sobremesa, o mesmo palmito rendeu um saboroso doce caramelizado. Ali foi só o começo. Apresento-lhes outras três delícias que aproveitam partes diferentes dessa planta. O mesmo mandacaru que, muitas vezes, é visto apenas como decoração ou alimento para animais. Já imaginou comer uma bonita salada em que a "estrela" é uma flor?

Da comida para o bicho à sofisticação gastronômica

Pouco se fala da algaroba, mas a vagem desta planta tem uma fibra riquíssima e não é difícil de ser encontrada. Em Fortaleza, ela é bem visível, por exemplo, na praça do Mercado Central – ponto turístico da capital cearense. Entre o município de Maranguape, na Região Metropolitana, e o distrito de Amanari, a algaroba é bem abundante. Lembro-me bem de outro ponto no caminho para a cidade de Sobral, distante 233 quilômetros da Capital. Numa das áreas mais secas à beira da estrada, costumo ver diversos vendedores oferecendo suas redes coloridas e aproveitando a sombra dos pés de algaroba para abrigar seus pontos de venda. Ela é uma planta que resiste bem à seca.

De sua vagem, produzimos uma farinha. Ralando sobre esta a rapadura e acrescentando sal, é como o sertanejo matava a fome em épocas de seca. Soube disso em uma de minhas viagens ao município de Quixeramobim (a pouco mais de 200 quilômetros de Fortaleza). Nas páginas a seguir, você vai aprender a produzir essa farinha de sabor delicioso e que pode ser desdobrada em outras inúmeras receitas. Basta ser criativo e não ter receio de experimentar. Outra receita com a cara do sertão também está contemplada: a tapioca feita com macaxeira ralada – esta você não encontra em canto algum. Esse prato foi gestado na Guaiúba, também Região Metropolitana. Resolvi não usar massa comum de tapioca e testar, com sucesso, a macaxeira.

Recordo-me bem de outra aluna curiosa – desta vez, no bairro Bom Jardim, em Fortaleza – que atentou certa vez para a sobra da casca da macaxeira. Juntamos uma boa quantidade, testei o processo semelhante ao que os belenenses submetem a maniçoba (folha da macaxeira), cozinhei-a bastante e agreguei vários outros insumos até transformar tudo em encantadores bolinhos de casca de macaxeira.

Em 2013, minhas aventuras saborosas em busca do que meu Ceará poderia me oferecer de novo renderam-me o prêmio de “Personalidade Gastronômica” daquele ano no Estado. Mais ainda: um convite para apresentar duas palestras num dos mais importantes congressos gastronômicos da América Latina. Era a Semana Mesa SP, que ocorreu na capital paulista em novembro de 2014. Foi lá que me desafiei a recuperar nos baús da memória minhas lembranças adolescentes do meu pai na cozinha. E foi nesse “baú” que achei meu pai nos alimentando, a mim e meus irmãos, com a palma-forrageira. Ele também adorava inventar.

É que tínhamos visto, certa vez, uma reportagem sobre uma grande seca no Ceará em que se mostravam as pessoas comendo palma-forrageira – foi a primeira vez que ouvi associarem este vegetal à alimentação humana. Lembro a fotografia de uma garotinha cozinhando uma palma, em cubinhos. Quando papai nos ofereceu a palma, apresentou-a acompanhada de tomatinhos. Àquela época, o tomate-cereja não era caro do jeito que é hoje. Muito menos o tomate-cajá – eles pegavam rapidamente em tudo quanto era lugar. Como em nossos antigos quintais: abarrotados de tomate cereja, pimentão e cheiro-verde.

Pois bem, o desafio a que me propus na Semana Mesa SP foi misturar passado e futuro. Ousei. É que chafurdando na busca por conhecimentos de toda sorte, deparei com a informação de que, no México, a palma-forrageira é o terceiro vegetal mais consumido. Através de um canal fechado de TV, um programa sobre a culinária mexicana mostrou uma salada com manga misturada à palma-forrageira. Foi quando resolvi levar o vegetal para o Mesa Tendências – o evento é realizado dentro da Semana Mesa SP e debate o futuro gastronômico, envolvendo conhecimento, descobertas e questões sobre a atuação da cozinha socialmente responsável. O que preparei por lá e surpreendeu a todos tem a cara do sertão nordestino: palma-forrageira com medalhões de filé de cordeiro e farofa de algaroba. Ouse você também!

Além da palma-forrageira, naquele evento desenvolvi ainda em minhas oficinas pratos com a utilização do inhame-aéreo também na alimentação humana. Da vasta pesquisa que tenho desenvolvido sobre ingredientes regionais, já me saiu o inhame-aéreo em forma de purê, servido com medalhões de carne de porco – acompanhando a farofa de algaroba. Hummmm.... Nas páginas seguintes, contudo, vou sugerir uma outra delícia à base dessa hortaliça.

Algo mais sobre infância, sabores, cores e vontades

O colorido e o saboroso dos meus dias de menina, nos idos dos anos 1940, transformaram-se em perfumes que ainda hoje me levam a viajar no tempo. Nas capitais com quase nenhum arranha-céu, eram nas grandes cozinhas dos avós e também nos quintais que se manipulavam os temperos como quem brinca com eles. Aos meus olhos, ingredientes gastronômicos e a sabedoria popular que gira em torno deles compõem um patrimônio imaterial que necessita ser preservado. Foi do acervo de minhas experiências existenciais e pessoais que recolhi pistas as quais me fizeram aventurar pelos caprichos gastronômicos. Indico esse mergulho a você também, querido leitor.

Costumo dizer a meus alunos: "Tudo o que você preparar e fizer bem feito, com carinho, fica gostoso". É como naquela história do viajante que, com muita fome, parou numa casa e perguntou a sua dona se havia algo para comer. Ela argumentou que nada havia. Ele avançou a prosa: "Tem pedra?". Ela disse: "Tem". Ele: "Tem cheiro-verde?". Ela: "Tem". O viajante: "Tem água?". A dona da casa: "Tem sim". Cheio de si, o andarilho finalizou: "Então, por favor, faça-me uma sopa de pedra mesmo que eu como". É exagerado ao extremo, óbvio, esse causo. Mas ele me aponta pistas para seguir nessa linha.

Mandacaru

Conheço esta planta desde os tempos de criança. Na infância, meu avô tinha uma fazenda onde comíamos muito mandacaru. Quando os rios estavam cheios, chamávamos a planta de "espuma de sapo", porque produzia uma espuma branca e esponjosa. Mandacaru é o que mais se tem no sertão, com ramificações que se assemelham a candelabros. Hoje, também é fácil perceber que enfeita vários jardins da agigantada Fortaleza. Neles, costumo ver plantadas as espécies sem espinhos. No agreste, já é mais comum a planta com espinho. Ambas, porém, são comestíveis. Entre as primeiras receitas, fiz testes produzindo geleias. Peguei o fruto, cozinhei, retirei a polpa e bati a casca dele. A casca é meio fibrosa. Depois de batido, juntei com a polpa e o açúcar e dei o ponto de geleia. Dá para testar outros sabores misturados ao mandacaru, como o cajá e o maracujá, por exemplo. Nos quesitos praticidade e rapidez, sugiro fazer o primeiro teste com a omelete com palmito de mandacaru.

Omelete com palmito de mandacaru

O que leva?
3 dentes de alho picados
3 colheres de sopa de cebola picada
1 tomate
3 ovos
3 colheres de sopa de leite
2 colheres de sopa de azeite
Cheiro-verde picado (a gosto)
Sal (a gosto)
Cerca de 1 metro de tronco de mandacaru

Como cortar o palmito?
No centro do mandacaru, há um palmito. Ele é verdinho bem claro e tem cerca de 3 cm de circunferência. Retire-o e corte-o em rodelinhas bem finas, como se corta o palmito comum.

Como preparar o refogado?
Pique o alho e refogue-o no azeite. Vá acrescentando a cebola e o tomate picados, fazendo uma espécie de molho. Na mistura, coloque as rodelinhas do palmito do mandacaru e o sal. Deixe-as cozinhando nesse molho por cerca de 10 minutos. Acrescente o cheiro-verde e apague o fogo.

Como preparar a omelete?
Misture o leite, os ovos e uma pitadinha de sal. Aqueça uma frigideira média e ponha sobre ela um fio de azeite. Leve essa mistura ao fogo baixo, deixando-a cozinhar. Acrescente o refogado e feche a omelete. Está pronta!

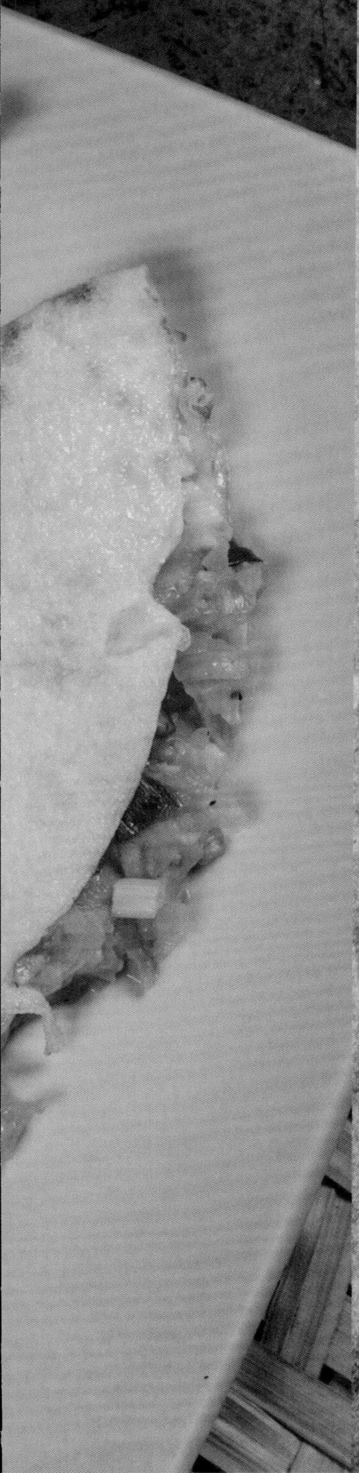

Dica!

A parte de fora, desprezada nesta receita, pode ser reservada para render uma apetitosa e curiosa sobremesa sobre a qual falarei logo mais.

Salada de flor de mandacaru

Pasme! Mas a pétala da flor do mandacaru, além de bela ao olhar, é muito saborosa ao paladar. A flor do mandacaru é conhecida como dama da noite porque começa a abrir por volta das 18 horas, chegando a ficar totalmente aberta entre 21h e 22 horas. Ela começa a fechar novamente às 6 horas da manhã. Em Fortaleza, já vi muitas espécies sendo utilizadas em decorações de jardim – como na casa da minha irmã Maria Augusta, onde um único mandacaru nos brindou com cerca de 30 flores abertas no mesmo dia!

Dica!

Fresca, a folha de mandacaru não é fibrosa. Por esta razão, recomendo comê-la o mais fresca possível. Assim, ela ficará bem saborosa.

O que leva?

Duas flores de mandacaru
A gosto:
Alface roxa
Alface lisa
Alface americana
Rúcula
Tomate-cereja
Alecrim fresco
Manjericão fresco
Queijo coalho
Azeite
Vinagre de maçã
Sal

Como preparar?
Lave e higienize todas as folhas. À parte, em um recipiente, coloque o queijo coalho cortado em cubos, manjericão, alecrim, tomate-cereja e sal. Feche o recipiente e deixe-o fechado na geladeira até a hora de servir.

Como montar a salada?
Seque as folhas com papel-toalha e rasgue-as em pedaços grandes, intercalando as folhas. Por último, coloque o molho e, sobre o molho, coloque as pétalas da flor do mandacaru.

Musse de mandacaru

Lembra-se da parte verde do mandacaru (tronco) que foi desprezada na receita da omelete? É aquela área da qual foi retirado o palmito. Aproveite-a na sobremesa!

Dica!

Faça uma geleia com o fruto do mandacaru, ela fica parecida com a geleia de kiwi. Coloque por cima do musse.

O que leva?
2 xícaras do mandacaru picado
1 lata de leite condensado
1 lata de creme de leite
10 g de gelatina incolor sem sabor, dissolvidos em 50 ml de água morna
Suco de 1 limão galego (ele é vermelhinho, com sabor diferente do limão comum)

Como picar o mandacaru?
Retire a casca verde escura de fora do tronco e deixe só a parte mais clara de dentro – aquela mais brilhosa. Pique-a. Lembre que o palmito de dentro já foi aproveitado em receita anterior, da omelete.

Como preparar?
Bata tudo no liquidificador. Coloque a mistura para gelar.

Algaroba

Cascavilhando informações e tomando nota de tudo, deparei com outra maravilha que nos presenteia o sertão. A vagem da algaroba pode virar uma deliciosa farinha rica em fibra e açúcares próprios para consumo humano. Essa mesma farinha pode virar matéria-prima de biscoitos, bolos, mingaus e até empanados – a depender de como o cozinheiro ou a cozinheira vai trabalhar com ela. Imaginar e testar são ótimos caminhos. Durante períodos de grande estiagem, os sertanejos comiam farofa com vagem de algaroba e rapadura, tudo socado com o pilão. Na receita a seguir, tentei criar uma farofa inspirada em como os sertanejos a ingeriam na época da seca. Eles colocavam a vagem da algaroba para secar, desprezavam as sementes e socavam a vagem no pilão. Peneiravam para retirar as partes mais grossas que não eram processadas. Depois, voltavam ao pilão e acrescentavam a rapadura. Alimentavam-se dessa mistura. Se o pilão ainda fosse um utensílio facilmente encontrado e utilizado comumente, poderíamos falar em "paçoca" em nossa receita. Inspirada na força e coragem dos nossos sertanejos, criei algo um pouco diferente. O liquidificador vira o substituto mais prático e comum do pilão nas cozinhas modernas. Assim sendo, vamos falar em "farofa".

O que diz a Embrapa

A farinha de algaroba é um produto atualmente comercializado por um limitado número de empresas. Caracteriza-se pelo seu alto conteúdo de fibra e alto teor de açúcares. É uma farinha com odor e sabor agradáveis. Como alternativa de diversificar seu uso, foi proposta a elaboração de um cereal matinal utilizando o processo de extrusão termoplástica. O processo consiste na mistura de 50% de farinha de algaroba e 50% de farinha de arroz, que submetidos ao cozimento por extrusão, sob parâmetros controlados, permitem a obtenção de um produto semiexpandido, que pode ser utilizado como cereal matinal, à semelhança dos existentes no mercado, conhecidos como flocos de milho. As vantagens diferenciais de um cereal matinal deste tipo estão relacionadas ao uso da farinha de algaroba, que contém 22% de fibra. Por outro lado, do ponto de vista socioeconômico, o uso da farinha de algaroba poderá contribuir ao incremento da produção na região Nordeste do Brasil, local onde se localizam as maiores áreas de plantações.

Fonte: http://is.gd/wVyE4A

Farofa de rapadura com algaroba

O que leva?

500 g da vagem seca da algaroba
300 g de rapadura
1 pitada de sal (para equilibrar o sabor)

Como preparar?

Retire as sementes da algaroba (despreze-as) e processe apenas suas vagens no liquidificador. Peneire para retirar palhinhas ou resíduo mais grosso. Através da parte mais fina do ralador, rale a rapadura e acrescente a ela uma pitadinha de sal. Misture a rapadura ralada à vagem da algaroba já processada. Está feita a delícia: vira uma espécie de farofa doce.

Caso a opção seja por preparar uma farofa salgada, a sugestão é fritar bacon, cebola e alho e, em seguida, misturar com a farinha de algaroba. Não esqueça de desprezar a rapadura. Utilize apenas a farinha com uma pitada de sal.

Dica!

A farofa tanto pode ser consumida pura como pode finalizar outras receitas. Exemplos: você pode finalizar uma musse, um sorvete, um bolo com uma cobertura mais cremosa, uma banana amassada ou cortada em rodelas, uma banana frita; ou ainda até uma salada de frutas! A farinha da algaroba é rica em vitaminas e fibras.

Palma-forrageira

Ela veio para o Brasil em 1816, trazida por D. João VI. A finalidade era estabelecer condições adequadas para a criação do bicho-da-seda. Em uma seca muito grande, provavelmente a de 1958, uma manchete jornalística anunciou que o sertanejo estava "se alimentando de ração de animal pra sobreviver". Na foto, alguém cozinhava a palma-forrageira. Comecei mapeando as regiões cearenses onde o vegetal aparecia. Uma sobrinha, professora em Quixadá (a 173 quilômetros de Fortaleza), certa vez comentou comigo que por lá a planta era cultivada comumente, mas apenas para fazer as vezes de ração animal. Em 2013, resolvi testar a palma-forrageira, com sucesso. Apresento-lhe agora duas receitas. Mas siga a dica: para uso culinário, a palma-forrageira deve ter, no máximo, 20 centímetros de comprimento. As peças que ultrapassam esse tamanho são muito fibrosas. Quanto mais "novinhas", mais macias elas são.

Medalhão de filé de carneiro com palma-forrageira e farofa de algaroba

Preparar a farofa de algaroba, você já aprendeu na receita anterior. Agora é avançar...

O que leva?
5 medalhões de filé de carneiro já limpos
1 palma-forrageira de até 20 cm
500 g da vagem seca de algaroba e sem as sementes
100 g de manteiga
3 dentes de alho
Pimenta-do-reino moída na hora e a gosto
Sal a gosto

Como preparar o medalhão?
Com o medalhão já cortado, coloque a manteiga e os dentes de alho inteiros na frigideira até que eles fiquem bem quentes. Deixe o alho dourar para que solte o sabor na frigideira. Retire-o e descarte-o. No lado de cima do medalhão, coloque sal e pimenta-do-reino e deixe selando na manteiga ao fogo. Vire o medalhão e, do lado oposto, também coloque sal e pimenta-do-reino. Selados ambos os lados, retire os medalhões e coloque-os sobre um papel-toalha para que a oleosidade seja absorvida.

Como preparar a palma-forrageira?
Corte suas extremidades. Por vezes, podem aparecer espinhos. Se houver, retire-os. Recolha também a casquinha opaca de fora. Corte a parte interna em forma de palitos de 5 centímetros de comprimento por meio centímetro de largura e de altura. Coloque os palitos de molho na água com limão (10 a 15 minutos) para retirar a viscosidade (a palma tem uma característica semelhante ao quiabo, com certa viscosidade). Após esta etapa, retire os palitos da água com limão e ferva-os utilizando outra água durante 5 minutos.
Escorra-os e deixe-os esfriar.
Separadamente, prepare um vinagrete e também a farofa de algaroba aprendida na receita anterior (sendo a farofa salgada, e não aquela com rapadura).

Dica!

O medalhão é a parte mais alta do filé, num corte redondo. Peça ao açougueiro o filé já limpo para facilitar o preparo de sua receita.

Como montar seu prato?
Onde se fritou o medalhão, esquente a sobra do molho da frigideira com o molho da carne e frite os palitos de algaroba. Depois, jogue os palitos da palma-forrageira em cima da carne. Sirva a farofa de algaroba como acompanhamento.

Após ficarem de molho na água com limão e após a fervura, os palitos feitos da palma-forrageira já estão prontos para serem acrescentados a qualquer salada. Tanto em saladas com folhas, como nas de legumes; ou apenas no vinagrete.

Suco de palma-forrageira

O que leva?
1 palma-forrageira de até 20 cm
1 xícara (200 ml) de suco de limão
1 litro e meio de água
Açúcar ou adoçante a gosto

Como preparar?
Retire os espinhos e a parte opaca (externa) da palma. Corte-a em pequenos pedaços. Processe no liquidificador juntamente com a água e o suco de limão. Gelo e adoçante devem ser acrescentados a gosto.

Nilza, que sabor isso tem?

O suco finalizado apresenta uma coloração verde limão e tem um sabor semelhante ao suco de limão. São bem agradáveis o sabor e a tonalidade.

Macaxeira

Pavê de macaxeira e goiabada

O que leva?
1 kg de macaxeira cozida
1 pacote de biscoito tipo maisena
500 g de goiabada cremosa
1 copo de sidra de maçã
1 lata de creme de leite
1 lata de leite condensado

Como preparar?
Cozinhe a macaxeira e passe-a pelo espremedor. Acrescente o creme de leite e o leite condensado. Misture esses três ingredientes.

Como montar seu prato?
Numa travessa refratária, coloque uma fina camada do creme de macaxeira. Umedeça os biscoitos na sidra (passando e tirando) e coloque-os sobre a macaxeira. Sobre os biscoitos, ponha uma camada do creme da goiabada. Faça assim, sucessivamente, até terminar com o creme de macaxeira. É interessante que a finalização seja feita com a goiabada derretida.

Nilza, como diferencio o pavê do pudim?

O pavê, em geral, leva biscoito de maisena ou champagne. Já o pudim apresenta uma textura mais cremosa.

Tapioca com macaxeira ralada

O que leva?
1 kg de macaxeira ralada
200 g de coco fresco ralado
Sal a gosto

Como preparar?
Rale a macaxeira crua, coloque-a em um pano e a esprema bem para retirar o excesso de líquido. Acrescente sal e coco ralado à mistura. Aqueça bem uma frigideira antiaderente. Uma porção da massa formada (macaxeira, sal e coco) deve ser colocada na frigideira já quente, de modo a cobrir todo o fundo do recipiente. Deixe a mistura cozinhar um pouco. Em seguida, vire-a para cozinhar a parte de cima.

Dica!

Incremente sua tapioca com queijo parmesão ralado, nata ou ovo frito. A opção de recheio é a gosto do cozinheiro ou do freguês.

Muffins de macaxeira

O que leva?
100 g de manteiga da terra
5 ovos
1 xícara de chá de leite
4 xícaras farinha de trigo com fermento
3 xícaras de macaxeira crua ralada (na parte grossa do ralador)
1 xícara de queijo coalho ralado
1 colher de sopa de fermento em pó
Sal a gosto

Como preparar?
Preaqueça o forno (180ºC por 15 minutos). Enquanto isso, num mesmo recipiente, junte leite, sal, manteiga da terra, ovos e macaxeira ralada. Por último, acrescente farinha de trigo e fermento. Misture bem. Divida a mistura em forminhas, tendo cuidado para encher somente três quartos das forminhas – elas devem estar untadas e polvilhadas. Coloque as forminhas no forno e mantenha-as lá por 10 a 15 minutos e desligue o forno. Estão feitos os muffins!

Carnaúba

Em geral, ela é encontrada no sertão cearense em grande quantidade, principalmente na Região Jaguaribana, pelas bandas do Sertão-Central. Felizmente, praticamente em toda a região Nordeste a carnaúba aparece. Em Fortaleza mesmo, há vários pés de carnaúba. Todos eles ficam, em geral, bem carregadinhos. A safra da fruta costuma ocorrer em novembro, com bastantes frutinhos pequenos e maduros. Quando criança, eu comia muita carnaúba. Hoje, não entendo por que não se associa muito a carnaúba a algo comestível. Associa-se à construção e à cera, por exemplo. Não raras eram as casas dos nossos avós no Interior que se enfeitavam do robusto tronco da carnaúba, fortalecendo as paredes de cômodos e ligando-os um ao outro.

Sempre adorei comer carnaúba. Já minhas irmãs mais novas e minha filha nunca se acostumaram. Hoje em dia, difícil é ver a criança que sobe numa árvore, que anda de pés descalços. Graças a Deus, tive essas oportunidades. Olhava meu avô preparar queijo, linguiça, nata, manteiga batida, manteiga de garrafa... Tudo isso aprendi na casa dos meus avós... E como era bom! Evocando lembranças assim, fui ter com as lembranças do gosto da carnaúba e resolvi trabalhar gastronomicamente com ela. Não precisamos comprá-la! Em todo canto de Fortaleza se acha. Na Praça do Ferreira, coração da cidade, por exemplo, dê uma voltinha antes da varredura do chão. Você o enxergará repleto de apetitosos frutinhos pretos. Têm formato ovalado e lembram ameixas. A polpa do fruto localiza-se na parte de fora. Esta é que é a parte comestível.

Dica!

A geleia de carnaúba pode ser servida com biscoito, ou com torradas e chás. Outra sugestão é utilizá-la para finalizar uma torta. Ainda não testei o aroma de ervas que possam combinar com essa geleia. Mas você mesmo pode tentar e experimentar.

Geleia de carnaúba

O que leva?

1 kg da polpa da fruta da carnaúba (despreze apenas a semente)
500 g de açúcar cristal
1 litro de água

Como preparar?

Leve a polpa ao fogo para cozinhar até que ela fique macia. Esse processo é bem rápido. Apague o fogo, deixe esfriar um pouco e processe a polpa cozida no liquidificador. Acrescente o açúcar e volte a mistura ao fogo. Mexa até ficar em ponto de geleia.

Jatobá

A árvore é linda e são inúmeros os tipos, dependendo da região do Brasil onde ocorre. O fruto do jatobá possui uma cápsula bem grossa e resistente. Ele é marrom, com sementes grandes dentro – cada uma envolvida por um pó, semelhante à farinha. Certa vez, produzi um mingau a partir da semente e ficou com sabor idêntico ao da baunilha. Aproveito muito a polpa do fruto também. Na medicina popular, ela é indicada para gripe. Com a polpa, costumo sugerir: mingau, biscoitos, bolos, pudins ou o consumo *in natura*. Quando fazemos farinha a partir das sementes, ela pode ser utilizada em pães, bolos, tortas, biscoitos e no mingau o qual citei há pouco. O pó do jatobá pode ser aproveitado até para polvilhar outras receitas. Das memórias de criança, recordo-me das brincadeiras em torno da árvore e de quebrar o fruto para consumir ali mesmo. Quando entrei para o ramo da Gastronomia, resolvi começar a testar os mil e um sabores que poderia produzir a partir dali. A primeira ideia que tive foi usar o jatobá em biscoitos, já que nunca havia visto alguém usá-lo.

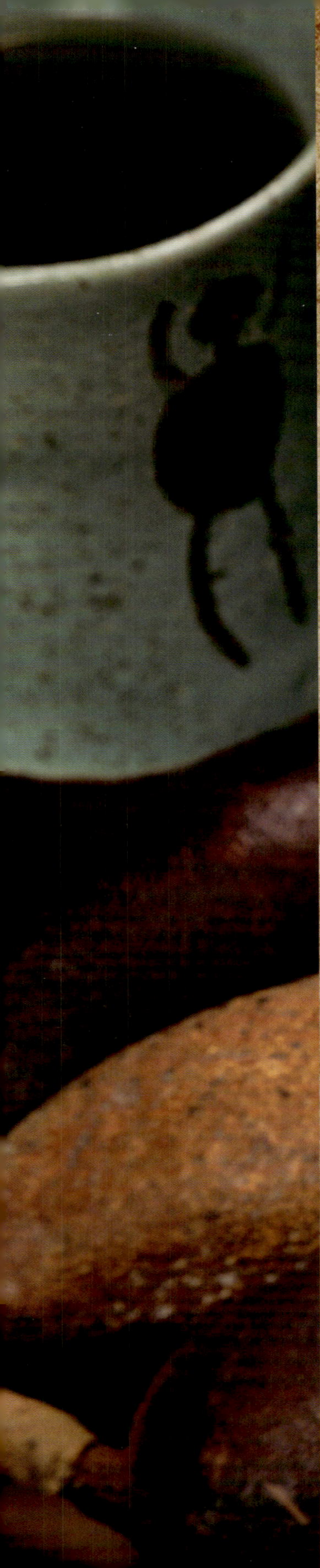

Biscoito de jatobá

Fiz o primeiro teste no Senac. Como deu certo, acabei apresentando à plateia no evento Prazeres da Mesa, em São Paulo. Queria muito mostrar a utilidade daquele produto. Durante o preparo de uma carne na manteiga da terra, quando eu a estava selando, um aroma muito grande despertou a fome do público e acabei distribuindo os biscoitos de jatobá pela plateia... Foi aprovadíssimo! Tente você também.

O que leva?

1 xícara da polpa do jatobá (peneirada)
1 xícara de açúcar
2 ovos inteiros
250 g de manteiga ou margarina
600 g de farinha de trigo
1 pitada de sal
Raspa da casca de 1 limão

Como preparar?

Junte todos os ingredientes até que se transformem em uma massa que desprenda das mãos (a exemplo da massa de empadão). Em seguida, modele os biscoitos a gosto. Você pode fazer bolinhas e amassá-las com o garfo – ou ainda abrir a massa e cortá-la com cortadores próprios de biscoito (fica a critério de cada um). Polvilhe a forma só com farinha de trigo, preaqueça o forno por 15 minutos a 180°C e asse a massa por outros 10 minutos. Biscoitos de jatobá prontos!

Dicas!

Para quem não possui batedeira, a dica é bater só a gema, o açúcar e a manteiga até que se transformem em uma massa bem clara. De forma separada, bata a clara em neve. Depois, junte o creme da manteiga com a farinha de trigo, alternando com o leite e, por último, as claras em neve.

Quando o bolo sola, muitos acreditam que isso aconteceu porque abrimos a porta do forno durante o processo de cozimento – ou ainda porque enfiamos um palito dentro. Mas não é isso o que ocorre. O bolo sola quando acaba a fermentação. Não há como evitar. O problema é com a farinha de trigo utilizada. A dica é tentar utilizar sempre uma farinha nova.

Bolo amanteigado com jatobá

O que leva?

1 xícara da polpa do jatobá (peneirada)
4 xícaras de farinha de trigo com fermento
2 xícaras de açúcar refinado
1 xícara e meia de leite
5 ovos
250 g de manteiga
1 pitada de sal

Como preparar?

Por 12 minutos, bata na batedeira: ovos, açúcar e manteiga. Acrescente à mistura a farinha de trigo e vá alternando com leite. Preaqueça o forno por 15 minutos a 180ºC. Enquanto isso, unte e polvilhe a forma e coloque a massa dentro. O bolo estará pronto em aproximadamente 35 minutos.

Pão com farinha de jatobá

O que leva?

1 xícara da polpa do jatobá peneirada
400 ml de leite (2 xícaras médias)
700 g de farinha de trigo (cerca de 6 xícaras)
20 g de fermento (o equivalente a 2 colheres de sopa)
2 colheres de sopa de açúcar refinado
2 colheres de sopa de manteiga
2 ovos inteiros
1 colher rasa de sobremesa de sal

Como preparar?

Bata no liquidificador: leite, ovos, açúcar, fermento e sal. Em seguida, esse líquido deve ser colocado em um recipiente e depois, aos poucos, junte a farinha de trigo até que atinja o ponto de se desprender das mãos. Passe a massa para a bancada de uma mesa e sove-a (amasse-a, batendo nela) bem.

Deixe-a descansar por 40 minutos. Volte com a massa para a bancada, modele os pães e coloque-os em assadeira já previamente polvilhada. Aguarde até que a massa dobre de volume e pincele-a com gema misturada a uma colherzinha de sopa de leite. Leve-a para assar em forno preaquecido. Se os pães forem pequenos, deixe-os entre 10 e 15 minutos no forno. Se for um pão grande, o ideal é que ele permaneça no forno entre 15 e 20 minutos.

Dica!

A farinha de trigo tem validade de 12 meses. Se ela estiver nova (de 8 meses para baixo), o teor de líquido dela é maior. De oito meses em diante, ela está mais seca e precisa levar mais líquido. Por exemplo, se eu fizer um bolo e pedir 4 xícaras, deu certo porque a farinha de trigo estava nova. Se a farinha de trigo estiver mais velha, é necessário que você acrescente mais líquido do que o da receita original. Essa dica também é válida para o arroz.

Inhame-aéreo

Ravióli com inhame-aéreo ao molho de tomate

O que leva a massa?
300 g de inhame-aéreo cozido
1 ovo inteiro
Farinha de trigo sem fermento (em quantidade suficiente para a massa ficar se desprendendo das mãos)

O que leva o recheio?
300 g de camarão pequeno
100 g de manteiga
3 dentes de alho picados
Sal, pimenta-do-reino e folhas de manjericão picadas (todos a gosto)

Dicas!

Você pode (re) criar sua própria receita de ravióli com inhame-aéreo. Use a criatividade e confie no seu paladar. Tente mudar parte do recheio, substituindo o camarão por carne de sol, frango ou bacalhau, por exemplo. O mesmo pode ocorrer com o molho. Como sugestões, teste o molho quatro queijos ou o bechamel – este último é feito à base de leite, manteiga, farinha, fatias de presunto e gordura de vitela, temperado com legumes e especiarias.

Para fechar a massa, a dica é amassar as bordas com um garfo para evitar que elas abram durante o processo de cozimento. Quando for fechar, pincele as bordas com um pouco de água.

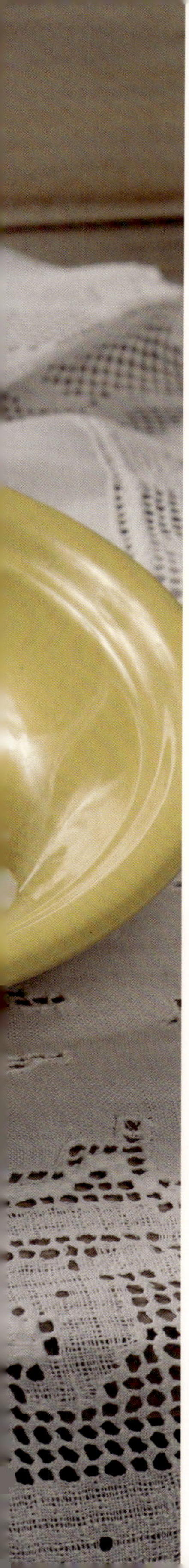

O que leva o molho?
2 kg de tomates bem maduros
3 dentes de alho
2 dentes de cravo-da-índia
1 casca de canela

Como preparar a massa?
Cozinhe o inhame e, em seguida, amasse-o bem. Acrescente o ovo inteiro à massa e misture. Aos poucos, vá adicionando a farinha de trigo até conseguir atingir o ponto. Polvilhe a mesa com farinha de trigo e ponha sobre ela metade da massa. Com o auxílio de um rolo, vá abrindo a massa, deixando-a bem fina. Corte-a em quantos pedaços menores forem possíveis. O formato deles pode ser em círculo, quadrado ou retangular. Reserve-os.

Como preparar o recheio?
Limpe os camarões e reserve-os. Coloque a manteiga na frigideira quente e deixe-a derreter. Acrescente o alho – quando ele estiver ligeiramente dourado, ponha os camarões e refogue-os por cinco minutos. Acerte o sal, a pimenta-do-reino e, por último, o manjericão.

Como preparar o molho?
Lave bem os tomates e corte-os grosseiramente. Coloque-os na panela para cozinhar juntamente com todos os outros ingredientes (alho, cravo da índia, canela). Quando estiverem bem cozidos, penere-os e leve-os novamente ao fogo para finalizar a seu gosto.

Como preparar o prato?
Finalmente! Lembra-se da massa aberta, fina, que foi cortada em pedaços menores e ficou reservada sobre a mesa? Coloque o recheio em cada pedaço e feche-os, um a um. Cozinhe-os em bastante água. Quando estiverem prontos, deixe-os secar e pronto! Basta agora servir com o molho separadamente, a gosto de cada um.

O que diz a Embrapa

Essa hortaliça tipo tubérculo é um alimento energético, e também se destaca como fonte de vitaminas do complexo B. O inhame pode ser cultivado de forma subterrânea (inhame comum). No caso do aéreo (presente em nossa receita), ele é comum em algumas regiões do interior do Brasil, mas dificilmente encontrado no mercado das grandes cidades. Apesar de não se conhecer com certeza, acredita-se que seja originário do oeste da África. O inhame foi introduzido no Brasil pelos escravos.

Fonte: Embrapa Hortaliças - Unidade Descentralizada da Empresa Brasileira de Pesquisa Agropecuária (Embrapa) - www.embrapa.br/hortalicas

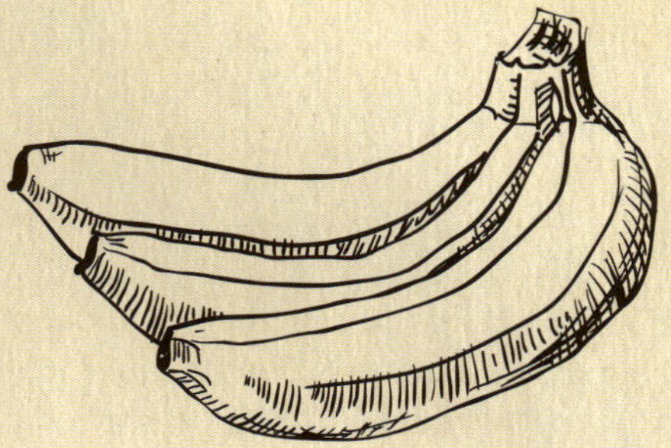

O chão farto que busca o céu

"Bom mesmo é recordar a doçaria brasileira, principalmente a regional (...), com bolos batizados sob inspirada ternura, como chuvas de amor, ciúme de velho, não-me-toques ..."

Eduardo Campos,
no livro "A gramática do paladar – Antepasto de velhas receitas", de 1996

"Ternura". Ô palavra para harmonizar com a gastronomia.... O cearense Eduardo Campos, nosso "Manuelito", é filho da serrana Guaiúba que tanto me inspira. Foi jornalista, escritor e um eterno apaixonado por folclore, música e medicina popular. E utilizou muito bem o termo "ternura" quando resolveu escrever um dia sobre nossas velhas receitas. É também com esse sentimento que tentarei guiar você agora pelos caminhos das serras cearenses, tão pertinho de Fortaleza, e que abundam em tantos ingredientes muitas vezes subaproveitados por nós. Vamos falar de quatro frutas bastante conhecidas e outras duas nem tanto. Mas todas saborosas em sua forma mais pura; e que nos fornecem um sem-número de possibilidades de pratos. Banana, manga, abacate, jaca, fruta-pão e buriti em 24 receitas – aqui vamos nós.

A fartura do Maciço de Baturité e da Serra da Ibiapaba, bem ali, no rumo do céu, sempre foi terreno fértil para minha mente garimpeira. A cada viagem para dar aulas por lá, novas receitas surgem, porque também são fartos os cheiros, as cores, os sabores. As cidades de Guaramiranga, Guaiúba e minha Guaraciaba do Norte acolheram-me algumas vezes nessa "viagem gastronômica", mas toda a região serrana cearense atrai pela vasta gama de sentidos que nos despertam os alimentos que dali brotam. Tudo me remete às memórias infantis. Lembro-me de parentes que possuíam um engenho de onde eu aproveitava tudo quanto era fruta. E as revirava nas minhas invenções juvenis.

Peneira de taquara e meus 12 anos

A primeira vez que inventei uma receita, eu não tinha mais que 12 anos. Em minha cabeça, havia feito um doce de manga – mesmo sem saber diferenciar uma geleia de um doce ou compota. A sapiência pré-adolescente dizia-me que tudo era doce. Você sabia que boa parte das frutas pode render pelo menos esses três tipos de sobremesa e que são bem fáceis de fazer? A diferença está no "ponto". Veremos mais adiante. Pois bem. Inventei um dia de cozinhar mangas com casca e tudo. Depois, peneirei tudo em peneira de taquara, uma por uma. Início dos anos de 1950, peneiras por ali, só de taquara.

A medida dessa primeira invenção era um prato fundo, a copa do prato. Enchia e ia fazendo aquilo de medida. Diversão pura. O "ponto certo" era o que eu achava que estava bom para mim. Não tinha noção de ponto fraco ou forte. Doces ainda eram feitos apenas com rapadura ou o próprio mel da cana. Ave, Maria! Aquele meu "doce de manga" ficou uma delícia. Rendeu para a família inteira! Já não morava mais na minha Guaraciaba do Norte, mas, a cada dezembro de mangueiras carregadas, eu me danava por lá. Férias com cheirinhos e gostinhos de quitutes paridos nos quintais.

Naquela época, eu já começava a misturar as coisas e até a me enveredar pelas carnes. Mas não entendia nada de cortes. A única carne que a gente sabia diferenciar era o filé mignon. Íamos ao mercado da cidade e pedíamos só 1 quilo de carne “com osso ou sem osso”. O que dessem para nós, levávamos.

Sobre “comer com os olhos” e não desperdiçar

Já como professora de Gastronomia, percebi um desperdício de frutas muito acentuado, principalmente durante as incursões serranas. Na Serra da Ibiapaba, por exemplo, algumas aulas na cidade de Ibiapina me atentaram para a criação de novas receitas visando ao melhor aproveitamento de tudo aquilo que a região poderia me oferecer. Seus moradores não faziam nada além daquele doce de banana ou doce de mamão com coco bem tradicionais. Passei a mostrar-lhes as inúmeras funcionalidades dos alimentos. O mamão verde ou quase amadurecendo, por exemplo, poderia ser incluído numa salada de alface. O abacate, famoso nas vitaminas, poderia ser testado na salada ou até em uma sopa!

Os olhos têm de perceber o alimento antes de ele ser degustado. Avisam: “Tenha vontade de comer isso”. Na minha percepção, o visual de qualquer prato aponta qualidade, influi muito no paladar e deve ser levado a sério. Os pratos devem ser harmoniosos, uniformes e criativos. A harmonização dos pratos (individuais ou coletivos) tanto embeleza quanto aguça o apetite. Quem primeiro “fotografa” os alimentos são nossos olhos. Eles enviam a mensagem para o restante do organismo.

A arte da culinária alimenta tudo: o paladar, o olfato, a visão. O leigo não precisa almejar a perfeição que busco, mas deve levar em conta as observações que faço sobre o aguçamento dos sentidos e o entrelaçamento entre eles quando o assunto é culinária. Em minhas aulas, aviso logo: "Gosto das coisas perfeitas em tudo o que faço, principalmente se vou servir numa festa. Não fique com raiva, não fique chateado. Se eu não apreciar o visual do seu prato, mando desmanchar tudo e fazer outra vez, contanto que faça direito". Enfatizo isso em todas as aulas, pois julgo a apresentação dos pratos essencial para quem deseja se aventurar por esse mundo. O recado está dado: importe-se com a forma de apresentação das receitas – desde a escolha do alimento até a finalização. Gosto sempre de lembrar que a qualidade do produto não se faz presente apenas no sabor, mas no todo, do começo ao fim da preparação de qualquer receita.

Confiança no próprio paladar

Profissional ou de fim de semana, cozinheiro que se preze tem de acreditar no próprio paladar. É impressionante: se eu gostar de algo que preparei, tenho certeza de que todo mundo vai gostar. Excesso de autoconfiança? Não. Confiança no ponto certo. Como os outros vão apreciar um prato sobre o qual seu próprio inventor está inseguro? Vá provando e testando, provando e testando. Neste processo, quando sinto que falta alguma coisa, vou experimentando novamente e alterando quantidades e ingredientes até que meu paladar diga que nada mais está faltando. E, se meus testes dão certo, procuro desenvolver tudo aquilo. Você pode fazer também.

Nenhuma receita é imutável. De forma alguma. Se misturo um ingrediente qualquer a um prato e dá certo, sigo em frente. Se não dá, desisto. Um dia ouvi falar que se pode fazer a massa do macarrão utilizando bananas. Testei, testei, até que deu certo. E assim vamos acertando na quantidade e na qualidade. Mais uma dica: dê preferência, sempre que possível, ao sabor e à saúde proporcionados pelos alimentos não industrializados. Procuro usar temperos próprios e, nos cursos que ministro, acabo conseguindo mudar, gradativamente, os hábitos alimentares dos alunos. Quer molho de tomate mais saboroso do que aquele preparado na hora, do próprio tomate? Quando possível, acione o freio do tempo e se permita comer por prazer, e não apenas por necessidade. Garanto: faz um bem danado.

Despindo as frutas, sugando-lhes até o caroço

Se saborear os ingredientes da forma mais natural possível é bom, o que dizer do que vem do solo serrano? De mangas a bananas, de abacates a jacas e outras tantas frutas que veremos em páginas mais adiante, nada do que nasce dali deve ser desprezado. Uma curiosidade: de acordo com o Instituto Brasileiro de Geografia e Estatística

(IBGE), nossa Região Nordeste detém a maior produção de banana no Brasil – alcança 35% da produção nacional.

E se desnudar essa fruta já é divertido, imagine utilizá-la para envolver lagostas em uma receita nada complicada? E, acredite, a casca da banana rende da farofa ao brigadeiro. Você vai aprender ainda que sorvete de casca de banana se come achando que a sobremesa foi feita com ameixas. Quero muito divulgar a banana e as muitas opções de pratos a partir dela. As pessoas ainda não sabem aproveitá-la bem. Por aí, ninguém te oferece nada com a casca. Quando faço (ou ensino) receitas com a banana, vou juntando várias delas e congelo as cascas para aproveitá-las em novos experimentos gastronômicos.

Já a manga, normalmente degustada na forma pura ou, no máximo, utilizada em saladas ou geleias, fica ótima se grelhada com peixe. Nas páginas a seguir, você vai saber o quão fácil e gostoso será brincar de incluir a manga nas receitas. Ou ainda a casca da jaca, de onde até uma deliciosa geleia pode aparecer. Certa vez, em Guaramiranga, enganei, sem querer, parte da Diretoria do Senac. Participava de um encontro organizado pela instituição, e que envolvia todos os seus coordenadores. Na ocasião, inventei e servi a geleia da casca da jaca e todos acreditavam estar saboreando geleia de banana! Já dizia Gilberto Freyre em sua obra "Região, Tradição e Cozinha" (1941): "Só as avós ainda sabem fazer os doces tradicionais. As filhas e as netas recorrem aos de lata". Aviso que já sou vovó. E à moda freyriana.

Banana

Entre espécies cultivadas e selvagens, são quase mil tipos de banana espalhados pelo mundo, todos identificados pelo nome científico Musa. Elas têm os mais diversos tamanhos e alguns historiadores suspeitam que essa seja a fruta mais antiga do Planeta. Muito energética, a banana possui baixo teor de gordura e é rica em carboidratos, minerais e vitaminas A, B1, B2 e C.

Nos tempos do Brasil colonial, a banana aparecia nos relatos escritos enviados a Portugal. Um dos cronistas daquela época, século XVI, foi o historiador e gramático português Pero de Magalhães Gândavo, que chegou a afirmar que a banana – e não a maçã – seria a fruta com a qual Adão e Eva teriam pecado... E se existir mesmo pecado e se a gula for um deles, a seguir você tem sete motivos para "pecar". Mas as possibilidades são infinitas. Aproveite as dicas até agora e seja também um (a) alquimista na cozinha!

Bife vegetariano

Dica!

Você pode transformar essa receita em bife à parmegiana ou só misturar os bifes a um molho de tomate. Este prato pode ser servido de várias formas: com arroz ou salada; com massa curta; e até com um purê de batata doce ou de abóbora.

O que leva?

3 cascas de banana nanica madura (amarela ou verde), cortadas em bife inteiro (*)
2 ovos
500 g de farinha de rosca
1 xícara de farinha de trigo (com ou sem fermento)
2 dentes de alho
Óleo (ou azeite) para a fritura
Sal e pimenta-do-reino a gosto

(*) Como cortar as cascas em bifes inteiros?
Descasque só um filete, entre as duas extremidades, dê uma abertura no centro da banana e retire a casca inteira.

Como preparar?

Com o batedor de carne, bata a casca da banana como se fosse um bife bovino. Esprema o alho, misture com sal e distribua sobre a casca da banana. Depois, passe os "bifes" na farinha de trigo. Reserve. Bata ou misture bem o ovo – outra opção é misturar a esse ovo queijo ralado ou orégano. Feito isso, passe os bifes nessa mistura e, em seguida, na farinha de rosca. Frite. Coloque-os depois sobre papel-toalha para absorver a gordura e deguste!

Paçoca de carne de sol com banana

Esse quitute foi gestado nas aulas do Senac, em Fortaleza. É daquelas receitas que inventei, fiz, deu certo e gravei na memória. Esta é a primeira vez que transmito para o papel. Como costumo dizer: Não tenho quase nada anotado. Se eu faço, eu gravo. Se eu fizer, pode ter certeza de que não esqueço mais. Pois não a esqueça você também, já que esse prato fica uma delícia se servido como tira-gosto. Vai muito bem acompanhado de uma cervejinha ou de uma caipirinha.

O que leva?

1 kg de carne de sol dessalgada
1 kg de farinha fina torrada
1 dúzia de bananas
500 g de toucinho
200 g de cebola roxa
Colorau a gosto
Sal a gosto, se necessário

Como preparar?

Corte a carne em pedaços menores e coloque-a para cozinhar. Depois de cozida, reserve-a. Corte o toucinho, frite-o (sem óleo) para retirar a gordura – ele solta a própria gordura. Coloque a carne já cozida para fritar na gordura do toucinho (mantendo o toucinho dentro). Quando a carne estiver frita, acrescente o colorau e a cebola em pedaços. Reserve. Processe no liquidificador pedaços dessa carne e do toucinho frito, acrescentando farinha. Tudo aos poucos, até terminar de processar a farinha e a carne. Feito isso, despeje todo esse conteúdo na panela em que a carne foi frita. Se necessário, coloque mais sal e acrescente a banana em rodelas não muito finas. Siga misturando os ingredientes fritando na panela, bem passados, sem desmanchar as bananas.

Dicas!

Cuidado ao processar o toucinho e a farinha no liquidificador. O ideal seria um multiprocessador. Caso sua cozinha não possua, use o liquidificador com cautela, processando os ingredientes em pequenas quantidades para não correr o risco de danificar seu eletrodoméstico.

Quer saber mais informações curiosas sobre a história da banana? Leia o texto "Do luxo ao lixo", uma entrevista com Henrique Carneiro, professor de História da USP, publicada na Folha de S. Paulo (20/5/2007): http://www1.folha.uol.com.br/fsp/mais/fs2005200708.htm

Lagosta com anéis de banana

Muitas receitas novas nascem nos cursos de Gastronomia que ministro na Capital ou me aventurando pelo meu Ceará, junto com a equipe da Unidade Móvel do Senac. Com essa delícia não foi diferente. Em 2014, tive o prazer de formar novos auxiliares de cozinha pertinho de Fortaleza, na cidade de Guaiúba. Em agosto, durante as aulas, ensinava uma receita de risoto de frutos do mar. Sobraram quatro lagostas. E então? Comê-las fritas ou ensopadas seria "básico" demais. Fomos brincar de inventar. E nasceu a lagosta com anéis de banana. Se você quiser se divertir mais ainda, pode batizar nosso prato de lagosta acinturada com banana.

O que leva?

6 caudas de lagosta
3 bananas (prata ou pacovan, contanto que sejam grandes e estejam bem maduras)
2 dentes de alho
Manteiga suficiente para fritar bananas com a lagosta
Sal a gosto

Como preparar?

Deixe as lagostas inteiras, mas fora da casca e tempere-as com o sal. Corte a banana no sentido do comprimento em fatias finas. Envolva cada lagosta com uma fatia, no sentido da largura, contanto que a emenda da banana fique para baixo – formando uma cinta bem no meio da lagosta, no sentido da circunferência dela. Para segurar na fritura, enfie um palito para segurar a emenda. Reserve. Separadamente, doure os dois dentes de alho inteiros na manteiga e retire-os. Frite a lagosta nessa manteiga. Finalizada a fritura, pode retirar os palitos, porque a banana já está segura e sua lagosta já está pronta para ser degustada.

Dica!

Se você não possuir processador, rale o repolho e a cenoura da forma mais fina possível.

Nilza, essa receita combina com o quê?

Essa é uma salada bem úmida e combina muito com assados. Se você montar um prato, monte umas forminhas com sua salada, colocando cenouras raladas em volta. Isso decora e traz um charme a mais a sua receita.

Salada com repolho, cenoura e banana

O que leva?

200 g de cenoura
6 bananas-prata
1 kg de repolho
1 vidro de maionese light (200g)
Sal a gosto

Como preparar?

Cozinhe as bananas e faça delas um purê (amassando com o garfo). Passe num processador o repolho e a cenoura. Depois, junte essa mistura com o purê da banana e a maionese. Acrescente um pouquinho de sal para equilibrar o doce da banana com o sabor dos legumes.

Nada de desperdiçar a casca da banana

A partir de agora, seguimos com uma parte da banana que quase todo mundo despreza e, acredite, é nutritiva. Falamos da casca. Sim, a casca da banana é perfeitamente comestível. Não na forma pura, solitária. Mas, brincando de alquimista e misturando ingredientes, a gente vai descobrindo até doçura no fel. Não são poucas as receitas que aproveitam a casca dessa fruta, mas vamos nos concentrar aqui em minhas aventuras bem sucedidas com esse ingrediente. Nas receitas com casca a seguir, preferi utilizar a banana nanica, porque não é tão amarga quanto as outras variedades. Em todas as receitas, no entanto, é importante higienizar bem a casca da banana. É fácil: como nas demais frutas, verduras e legumes dos quais se costuma ingerir a casca, mergulhe o alimento, por pelo menos 15 minutos, em uma solução que você mesmo cria. Para cada litro de água, use uma colher de sopa de água sanitária. Passado o tempo indicado, é preciso enxaguar novamente as cascas em água corrente. É este segundo momento que faz desprender das cascas os resíduos – terra, lagartas, ovos de insetos.

Geleia com casca de banana e açúcar mascavo

O que leva?

1 kg de cascas de banana nanica
1 kg de açúcar mascavo
1 litro de água

Como preparar?

Higienize as cascas das bananas, retire as pontas e leve-as ao fogo para cozinhar. Deixe a mistura esfriar e processe-a no liquidificador com a água em que houve o cozimento. Acrescente o açúcar mascavo e deixe a mistura reduzir ao ponto de geleia. Lembrando sempre que a polpa da fruta – o que não interessa a esta receita específica – não pode ser desperdiçada. Inúmeras receitas podem levar banana que, por sinal, também se basta sozinha.

Dica!

Sua geleia ficou saborosa? Aprovou? Então aproveite que já aprendeu e vamos utilizar a geleia na próxima receita.

Sorvete com geleia de casca de banana

O que leva?

400 g de geleia da casca da banana (lembra-se da receita anterior?)
1 lata de creme de leite
1 xícara de leite em pó
500 ml de leite

Como preparar?

Reúna todos os ingredientes e bata-os no liquidificador. Leve a mistura ao freezer e aguarde-a congelar. Feito isso, retire-a e bata a mistura em uma batedeira, até que fique bem macia. Volte tudo ao freezer novamente e deixe tomar consistência. Pronto! É só servir!

Brigadeiro de casca de banana

Dica!

As próprias bananas (polpa) não serão necessárias nesta receita. Por que você não aproveita para fazer dois pratos ao mesmo tempo, utilizando outras receitas deste livro? Só não vale o desperdício. Isso nunca!

O que leva?

10 cascas de banana nanica madura
500 g de açúcar
200 g de chocolate granulado
1 colher de sopa de manteiga
1 gema de ovo
1 litro de água para o cozimento das cascas

Como preparar?

Higienize as cascas das bananas e cozinhe-as no litro de água (desprezando as pontas das cascas). Depois de cozidas, deixe-as esfriar e processe-as com a própria água do cozimento (após esta esfriar). Leve a mistura de volta ao fogo com a manteiga. Junte o açúcar, a manteiga e a gema de ovo e vá mexendo, até despregar totalmente o conteúdo do fundo da panela. Retire tudo da panela e coloque a mistura em um prato. Deixe esfriar e, só depois, modele os doces em bolinhas. Depois, é só passar no chocolate granulado! Sugiro o granulado em formato de bolinhas.

Sorvete de casca de banana

O que leva?
10 cascas de banana nanica (de preferência, verde)
600 g de açúcar cristal
1 xícara de leite em pó
500 ml de leite
1 lata de creme de leite
1 lata de leite condensado

Como preparar?
Higienize as cascas da banana. Junte 1 litro de água e cozinhe as cascas (sem as pontas). Espere esfriar e bata no liquidificador com a mesma água em que as cascas foram cozidas. Acrescente o açúcar e volte a mistura à panela ao fogo para fazer a redução – esse processo costuma durar de 20 a 30 minutos, até a mistura ficar bem escura, como a cor da ameixa. Deixe esfriar e volte esse doce para o liquidificador. Acrescente o leite líquido, o leite em pó, o leite condensado e o creme de leite. Processe tudo. Leve essa massa para congelar – de preferência em recipiente de alumínio, que congela mais depressa. Quando a massa estiver bem firme, leve-a para a batedeira, até quebrar todos os cristais de gelo – com o auxílio de uma colher, prove e sinta que não há mais nada granulado (sinal de que não há mais gelo). Volte a mistura ao congelador até que ela fique no ponto de sorvete.

Nilza, e que gosto tem essa sobremesa?

Você vai pensar que é sorvete de ameixa. Em nada, esse sorvete o fará lembrar o gosto amargo da casca da banana.

1 motivo a mais para saborear a banana

Crianças e idosos também podem degustar essa fruta à vontade. Sabe por que ela é indicada a esses dois públicos tão distintos entre si? Primeiro, ela apresenta textura macia e baixa acidez. Segundo, ela contém nutrientes que o organismo assimila prontamente. A banana madura contém uma pequena quantidade de amido e grande quantidade de açúcares (por isso é um alimento de valor energético elevado). Além de carboidratos, contém quantidades consideráveis das vitaminas A (retinol), B1 (tiamina), B2 (riboflavina) e C (ácido ascórbico) e dos minerais potássio, fósforo, cálcio e ferro.

Fonte: Embrapa Mandioca e Fruticultura

Manga

Salada de manga com canela e alface

O que leva?
1 pé de alface-americana
1 manga madura cortada em fatias não muito largas
Canela para polvilhar

Como montar seu prato?
Rasgue a alface, coloque-a na saladeira, ponha as fatias de manga e, sobre elas, polvilhe com canela. Fica uma delícia!

Lombinho de porco com manga verde e hortelã

Com tempo disponível e farto material para trabalho, mexi e remexi as ideias na cabeça durante um curso na Guaiúba – aquele mesmo onde nasceu a lagosta com anéis de banana, lembra? Esse lombinho fez sucesso com meus alunos.

O que leva?

1 manga verde média
12 bananas-prata maduras de tamanho médio (mais manteiga ou margarina suficiente para a fritura delas)
1,5 kg de lombinho de porco
400 ml de água
5 dentes de alho picado bem miudinho
1 colher de sopa de açúcar (o tipo de açúcar fica a critério do cozinheiro)
1 colher de sopa de farinha de trigo sem fermento
3 colheres de sopa de margarina (para o lombinho)
1 xícara de folhinhas de hortelã picadas
Pimenta-do-reino moída na hora a gosto
Sal a gosto

Como preparar?

Corte a manga, desprezando o caroço. Bata-a com casca e tudo no liquidificador, utilizando os 400 ml de água. Passe pela peneira e reserve. Tempere o lombinho com o sal, a hortelã, o alho picado, a pimenta-do-reino, o açúcar e o suco da manga. Deixe de um dia para o outro em um recipiente fechado ou coberto com papel filme, dentro da geladeira – o tempo mínimo para que o lombinho permaneça no tempero é de 10 horas. No dia seguinte, forre uma assadeira com papel alumínio, deixando papel suficiente para cobrir o lombinho posteriormente. Coloque o lombinho, junto com o molho, sobre o papel. Com o restante do papel-alumínio, cubra totalmente o lombinho (como se fosse um pacote). Preaqueça o forno e deixe o lombinho por 1 hora e meia a 180ºC. Passado esse tempo, mantenha o forno ligado, retire o molho que se formou dentro da assadeira e reserve-o separadamente. Passe as 3 colheres de margarina sobre o lombinho e volte com ele ao forno, para que doure. Ele leva, em média, cerca de 30 minutos para dourar. Enquanto isso, corte cada banana no sentido do comprimento, dividindo-a em duas bandas, e frite-as na manteiga ou margarina. Reserve. Coe o molho que foi retirado da assadeira, acrescente a ele uma xícara de água, acerte o sal e coloque nesse molho a farinha de trigo. Leve ao fogo para engrossar, em uma panela separada. Retire do forno o lombinho já dourado, fatie-o e arrume as bananas de forma decorativa, junto com o lombinho. Regue o lombinho com o molho.

Dica!

Minha sugestão para acompanhar esse prato: purês (macaxeira, inhame ou ainda batata-doce ou inglesa). Uma farofa simples também acompanha bem essa receita. Ou uma farofa de cuscuz. Fica tudo bem douradinho e seus olhos também agradecem!

Dica!

O manjericão deve ser cortado com tesoura. Ele escurece quando cortamos com a faca.

Geleia de manga

O que leva?

1 kg de manga (ainda com caroço), descascada
500 g de açúcar cristal
1/2 xícara de folhinhas de manjericão

Como preparar?

Cozinhe a manga descascada. Ao esfriar, bata-a no liquidificador na mesma água em que ela foi cozida. Leve-a ao fogo novamente com açúcar até ficar no ponto de geleia (lembrando que este ponto é atingido quando passamos uma colher atravessando a mistura e ela se abre permitindo que visualizemos o fundo da panela). De forma delicada e com tesoura, corte as folhinhas de manjericão bem fininhas. Acrescente o manjericão à panela e deixe ferver por mais 5 minutos. Feita a geleia!

Dica!

A manga grelhada também é uma ótima pedida se o peixe for substituído por frango. A fruta grelha de forma muito rápida – 5 minutos de cada lado são suficientes para dourá-la. Pode ser grelhada sobre superfícies com teflon ou em uma churrasqueira doméstica. Há ainda as opções de caçarolas que se assemelham a grelhas.

Peixe com manga grelhada

O que leva?

1 kg de qualquer peixe de água salgada (pode ser em postas ou filés – se for em filé, ele tem que ser alto)
2 mangas médias
Limão, sal e pimenta-do-reino a gosto

Como preparar?

Misture o limão, o sal e a pimenta-do-reino Tempere o peixe com essa mistura e reserve-o. Descasque as mangas e corte-as em fatias. Reserve. Grelhe o peixe e, só depois, separadamente, grelhe a manga. Junte os dois e sirva. Este prato pode ser acompanhado com salada verde, purê ou arroz. Também fica harmonioso com vinagrete.

Torta quente com manga

O que leva?

2 mangas maduras e tenras (perfeitas, durinhas).
5 ovos
1 colher de sopa de canela
1 xícara e meia de açúcar
2 xícaras de farinha de trigo
1 pitada de sal

Como preparar?

Descasque as mangas, corte-as em cubos e reserve-as. Para a massa: junte a farinha de trigo, a canela e o açúcar. Bata os ovos inteiros, em neve. Reserve. Enquanto isso, no fundo de um recipiente refratário, coloque uma camadinha da farinha feita com os ingredientes da receita. Vá alternando: uma camada de manga, outra camada dessa farinha. Repita esse procedimento com várias camadas. Por último, acrescente os ovos batidos em neve, polvilhados com açúcar e canela. Preaqueça o forno a 180ºC e deixe o refratário lá por 15 a 20 minutos. Sirva quente. Caso esfrie, aqueça pequenas porções da torta no microondas.

Dica!

Para esta receita específica, combina mais a manga com menos fibras, como a tommy, a rosa e a coité. Esta torta quente combina muito bem se servida com sorvete de baunilha. A união dos três sabores (canela, baunilha e manga) fica bastante harmoniosa ao paladar.

Abacate

A ideia de inventar receitas diferentes com abacate veio de intuição. Nunca vi usarem abacate em bolo, por exemplo. Muito menos em pão. Certa vez, vi um abacate tão bonito que me deu aquele estalinho na cabeça... Pensei: "Vou testar!". Primeiro, tentei fazer geleia, de várias maneiras. Mas ele é muito gorduroso e oleoso. Decidi que não dá certo. Só dá certo como sorvete, vitamina ou musse. E resolvi também criar o bolo com abacate. Duas maneiras foram possíveis: um amanteigado e um bolo mole – que muitos chamam de "liso". Ah, e o que dizer do pão com polpa de abacate... Só fazendo e provando para ver! Essas duas últimas receitas também nasceram no pé da serra, na Guaiúba.

Bolo amanteigado com abacate

O que leva?
200 g de manteiga
5 ovos
1 xícara de polpa de abacate
2 xícaras de açúcar refinado
4 xícaras de farinha de trigo com fermento
1 xícara de leite
1 pitada de sal

Como preparar?
Utilizando uma batedeira, bata os ovos por 12 minutos, com açúcar e manteiga. Vá acrescentando o abacate e a farinha de trigo, alternando com leite. Preaqueça o forno a 180°C, por 15 minutos. Distribua a massa em uma forma untada e polvilhada e coloque no forno. Seu bolo estará pronto em, aproximadamente, 35 minutos!

Pão com polpa de abacate

O que leva?

1 xícara da polpa do abacate
400 ml de leite (2 xícaras médias)
1 kg de farinha de trigo (cerca de 6 xícaras)
2 ovos inteiros
2 colheres de sopa de fermento (20 g)
2 colheres de sopa de açúcar refinado
2 colheres de sopa de manteiga
1 colher rasa de sobremesa de sal

Como preparar?

Bata no liquidificador: leite, açúcar, abacate, fermento, sal e ovo. Essa mistura líquida deve ser colocada, em seguida, em um recipiente. Depois, aos poucos, junte a farinha de trigo até o ponto em que ela se desprenda das mãos. Depois, passe-a para a bancada de uma mesa e sove bem. Deixe a massa sovada descansar por 40 minutos. Ainda na bancada, modele os pães e coloque-os em assadeira apenas polvilhada até eles dobrarem de volume. Pincele os pães com gema misturada a uma colherzinha de sopa de leite. Leve-os para assar em forno preaquecido durante 10 a 15 minutos (se forem pães pequenos). Se forem grandes, asse-os durante 15 a 20 minutos.

Creme de abacate caseiro

Aquelas receitas elaboradas no pouco tempo que tenho livre também me alegram. O creme de abacate foi testado e aprovado em casa mesmo, quando a mistura do alho com a cebola e o abacate rendeu um prato quente e atraente à boca e aos olhos. Minha família aprovou. Que tal convidar a sua para um teste domiciliar? Lembre sempre que cozinhar combina com prazer, conversa boa e relaxamento – isso quando a palavra "obrigação" não está no meio.

O que leva?
500 g da polpa do abacate
1 litro de água
4 dentes de alho
200 g de creme de leite (1 caixinha)
2 colheres de sopa de manteiga
1/2 cebola média ralada
Salsinha picada, croûtons e sal (tudo a gosto)

Como preparar?
Pique o alho e refogue-o na manteiga. Separadamente, processe o abacate com a água no liquidificador. Depois, junte esse líquido batido ao alho refogado e deixe a mistura ferver por 5 minutos. Acerte o sal e acrescente o creme de leite. Desligue o fogo. A mistura fica interessante servida em pratos apropriados para sopas. Para o visual ficar melhor ainda, acrescente sobre cada prato os croûtons e a salsinha. Atente: esse prato deve ser servido quente.

Dica!

Você também pode acrescentar pimenta-do-reino (moída na hora) e azeite. Temperos são sempre a gosto. Brinque com eles nas receitas. Quanto aos croûtons, são usados para adicionar um pouco de carboidratos e dar um toque crocante em saladas e outras receitas. Brinque com eles também. Muitas vezes dá certo!

Jaca

A exemplo do mandacaru, que esmiuçamos no capítulo anterior, vamos aproveitar esta fruta com tudo de bom que ela tem para oferecer. Nada de comer a polpa e desprezar o restante, como a casca e o caroço. Se você não sabia o que fazer com o caroço da jaca, por exemplo, vamos juntos preparar uma torta salgada e outros prazeres. Você sabia que ele concentra alto teor de ferro, contribuindo para evitar anemias? A casca da fruta também é aproveitável – basta que se retire dela o "cuxim", como ignoram os dicionários, mas existe no vocabulário interiorano cearense. O "cuxim" é a parte da casca que é cheia de fiapos. Esta, sim, costuma-se jogar totalmente fora.

Torta salgada com amêndoa de jaca e carne de sol

O que leva a massa?
1 kg de amêndoa (caroço) de jaca cozida e amassada
3 ovos
2 xícaras de farinha de trigo com fermento
2 xícaras de leite
50 g de queijo ralado
Sal a gosto

O que leva o recheio?
500 g de carne de sol dessalgada, cozida e desfiada
2 cebolas roxas cortadas em pedaços finos
3 colheres de sopa de manteiga da terra
250 g de creme de nata
Cheiro-verde a gosto

Como preparar a massa?
Bata no liquidificador: caroços da jaca, ovos, leite, sal e queijo. Coloque a farinha numa tigela grande e vá juntando, aos poucos, a mistura do liquidificador. Reserve. Refogue a cebola na manteiga da terra, junte a carne de sol e o creme de nata. Reserve.

Como montar seu prato?
Em um refratário untado com manteiga, coloque metade da massa que você preparou. Acrescente o recheio e cubra-o com a outra parte da massa. Finalize polvilhando com queijo ralado e leve a massa ao forno para assar (lembrando que o forno deve, antes, ser preaquecido a 180°C, durante 15 minutos). A massa deve permanecer assando por mais 25 a 30 minutos.

Dica!

Para cozinhar as amêndoas da jaca, utilize uma panela de pressão. Esse processo costuma durar cerca de 40 minutos.

Quiche de camarão com amêndoa de jaca

O que leva a massa?
500 g de caroço de jaca
1 ovo inteiro
3 xícaras de farinha de trigo sem fermento
Sal a gosto

O que leva o recheio?
1 kg de camarão limpo
1 xícara de leite
1 copo de requeijão
200 g de queijo muçarela
100 g de queijo parmesão ralado fresco
1 colher de sopa de manteiga
3 ovos
3 dentes de alho
Cheiro-verde e sal a gosto

Como preparar a massa?
Cozinhe o caroço de jaca (40 minutos na panela de pressão). Ao esfriar, passe essa massa pelo espremedor de batatas ou amasse-a com o auxílio de um garfo. Junte os ovos, a farinha de trigo e o sal. Forre uma fôrma de fundo falso – toda a fôrma, incluindo as laterais. Durante 15 minutos, asse a massa e retire-a do forno, deixando-a esfriar. Enquanto isso, vá preparando o recheio.

Como preparar o recheio?
Refogue o alho com a manteiga e acrescente o camarão nesse refogado. Misture durante 5 minutos, em fogo médio. Acrescente os demais ingredientes: leite, creme de leite, requeijão, muçarela, ovo, cheiro-verde, queijo parmesão e sal (se necessário).

Como montar seu prato?
Recheie a massa que já está reservada e pré-assada e leve ao forno para finalizar.

Geleia caramelada da casca de jaca

Foi essa receita que a Diretoria do Senac comeu pensando que era geleia ou doce de banana. Ninguém acertou que foi feita com a casca da jaca, que costuma ser totalmente descartada (chamada de "cuxim", cheio de fiapos, parte fiapenta, que se costuma jogar totalmente fora).

O que leva a geleia?
2 kg da casca da jaca
1 kg de açúcar cristal
1,5 litro de água
Cravo e canela a gosto

Como preparar o caramelo?
200 g de açúcar cristal
50 ml de água
Retire todo o chamado "bico" da jaca. Corte a casca da jaca e leve para cozinhar (utilizando 1,5 litro de água). Quando a casca estiver bem macia, desligue o fogo, aguarde a mistura esfriar e processe-a no liquidificador. Reserve. Faça o caramelo para dar tonalidade a esse doce. Vá dissolvendo os 200 g de açúcar nos 50 ml de água, aos poucos, até ficar o mel bem dourado.

Como montar seu prato?
Quando o mel/caramelo estiver bem dourado, coloque a massa da jaca sobre ele, acrescentando aquele 1 kg de açúcar. Volte com a panela ao fogo e acrescente a canela e o cravo (se quiser) e dê o ponto de geleia. Lembre que esta receita deve ser servida gelada!

Fruta-pão

Conhecida pelo nome científico *Artocarpus altilis*, ela tem a polpa verde e a textura semelhante à da batata. À primeira vista, assemelha-se muito à jaca – mas parece uma bolinha, como se fosse uma "jaquinha" nova. Comestível, mas pouco utilizada, é bastante encontrada nas regiões serranas. Suas árvores têm crescimento rápido e podem atingir, em média, 25 a 30 metros de altura, com copa mais ou menos frondosa.

Outra dica é aproveitá-la para fazer raspas e farinhas. É que ela seca facilmente após ser cortada. Se moída, por exemplo, pode se extrair dela um tipo de farinha que, ao ser misturada ao trigo, tem um ótimo resultado na fabricação de pão caseiro. Já a fruta madura é excelente para a confecção de doces.

Em alguns estados brasileiros, as sementes da fruta-pão (lembre que algumas espécies não possuem sementes!) são utilizadas como substitutas do feijão, no preparo de ensopados ou guisados. A fruta-pão é saborosa e rende muitas receitas, mas vamos nos restringir nessas páginas a três delas, que possivelmente você não vai ver por aí...

Nhoque de fruta-pão com frango

O que leva a massa?

1 kg de fruta-pão cozida, descascada e amassada
1 gema de ovo
2 xícaras de farinha de trigo sem fermento

O que leva o recheio?

1,5 kg de coxa e sobrecoxa de frango
1 cebola média picada
5 dentes de alho picados
500 g de molho de tomate
50 g de queijo parmesão fresco e ralado
50 ml (meia xícara) de azeite
1 colher de sobremesa de orégano
1 folha de louro
Salsinha (ou cheiro-verde) a gosto picada

Dica!

Atente sempre para a farinha de trigo como ingrediente e utilize aquela indicada – "com" ou "sem" fermento. Faz diferença na receita final.

Como preparar a massa?

Junte o ovo e a farinha de trigo à fruta-pão – já cozida, descascada e amassada. Modele os nhoques.

Como preparar o frango?

Corte as coxas e sobrecoxas ao meio e reserve-as. Pique o alho e refogue-o no azeite, deixando dourar. Acrescente as coxas e sobrecoxas de frango ao alho, até que fiquem brancas. Acrescente depois as folhas de louro e a cebola, deixando-as cozinhar no seu próprio suco. Quando a cerne estiver macia, junte os outros ingredientes (molho de tomate e orégano). Caso o molho fique muito grosso, adicione a ele um copo de água, deixando-a cozinhar mais um pouco na mistura.

Como montar seu prato?

Cozinhe a massa do nhoque, junte com o frango em um recipiente refratário e polvilhe tudo com o queijo parmesão. Se for servir imediatamente, não precisa levar ao forno. Se for servir depois, leve o prato ao forno para dar uma gratinada. A ideia é que o queijo derreta em cima do frango. O prato é delicioso assim mesmo, sem acompanhamentos.

Ravióli de fruta-pão com camarão e manjericão

O que leva a massa?

2 xícaras de fruta-pão sem casca, cozida e amassada
1 ovo inteiro
Farinha de trigo suficiente para fazer a massa se desprender das mãos

O que leva o recheio?

500 g de camarão
5 dentes de alho
1 xícara de folhinhas de manjericão
Azeite e sal (ambos a gosto)

Dica!

Só o ravióli basta para a receita ficar completa e apetitosa, sem a necessidade de acompanhamentos.

Como preparar a massa e o recheio?

Junte a fruta-pão (já cozida e amassada) com o ovo e a farinha de trigo até dar o ponto de soltar das mãos. Para o recheio, pique o alho e refogue-o no azeite. Acrescente os camarões (cortados em pedaços pequenos) e deixe os sabores sendo misturados ao fogo por 5 minutos. Junte o manjericão, desligue o fogo e reserve.

Como montar seu prato?

Abra a massa e corte-a em pedaços (do formato que quiser). Umedeça sua borda com água, coloque o recheio (com pouco líquido) e feche a massa. Em paralelo, encha uma panela com bastante água, um pouco de sal e um pouco de óleo e cozinhe os raviólis. Quando eles subirem/emergirem, estarão no ponto, podendo retirá-los da panela. Feito isso, coloque os raviólis no molho que sobrou do recheio.

Pão com fruta-pão

O que leva?

2 xícaras de fruta-pão descascada, cozida e amassada
20 g de fermento biológico
400 ml de leite
2 ovos inteiros
2 colheres de sopa de manteiga
1 colher de sopa de açúcar (qualquer tipo)
Sal a gosto
Farinha de trigo suficiente para fazer a massa se desprender das mãos

Como preparar?

Junte: leite, fermento, açúcar e ovos. Misture bem até dissolver o fermento. Acrescente a manteiga, o sal, a massa de fruta-pão e a farinha de trigo, misturando até que desprenda das mãos. Deixe a massa fermentar por 40 minutos. Passado esse tempo, baixe a massa (coloque-a sobre a bancada e baixe com as mãos), modele os pães (ou o pão grande – depende de como você tenha escolhido fazer). Deixe a massa fermentar pela segunda vez, até dobrar de volume. Preaqueça o forno por 15 minutos e coloque os pães lá. Se forem pequenos, deixe-os assar por 10 a 15 minutos. Se for um pão grande, inteiro, a média de tempo ao forno é de 15 a 20 minutos.

Dica!

Podem ser colocados na massa: presunto, calabresa, queijo muçarela ou ervas.

1 motivo a mais para saborear a fruta-pão

Rica em proteínas e carboidratos, a fruta-pão ainda é subutilizada e a população, de forma geral, desconhece o potencial alimentar que ela tem. No início dos anos 80, foi criado, no Havaí, o Instituto Fruta-Pão (Breadfruit Institute), vinculado ao Jardim Botânico Tropical Nacional (National Tropical Botanical Garden – NTBG). Desde aquela época, cientistas célebres têm se dedicado a pesquisas que promovem o uso e a conservação da fruta-pão, em 34 países, incluindo o Brasil. Um dos objetivos é distribuir a fruta-pão para lugares do mundo em que não há fornecimento regular de alimentos, com o intuito de combater a fome. Ainda segundo os cientistas, um único exemplar da fruta com 3 kg fornece a porção de carboidratos de uma refeição para uma família de cinco pessoas.

Fonte: National Tropical Botanical Garden (NTBG)
www.ntbg.org/breadfruit

Buriti

Tanto na Região Amazônica, quanto nas serras cearenses, essa linda palmeira abunda. A fruta dela é ovalada e cheia de escamas, com uma cor que varia entre o marrom e o vinho. Além do setor alimentício, ela é aproveitada na indústria de cosméticos – suas substâncias dão aroma, cor e qualidade a diversos produtos de beleza, como xampus, sabonetes, cremes e filtros solares. Já as folhas dessa planta podem ser transformadas em fibras e utilizadas no artesanato – tapetes, bijuterias, toalhas de mesa e bolsas são exemplos. Até os talos das folhas podem ser aproveitados. Como são resistentes e leves, costumam ser usados na produção de móveis. Do buriti se aproveita quase tudo! Mas vamos nos concentrar agora em degustá-lo... com um prato principal e uma sobremesa daqueles que deixam sempre o gostinho de quero-mais.

Pudim de leite condensado com buriti

O que leva?

300 g de doce de buriti
200 g de açúcar cristal (para fazer a calda)
50 ml de água (meia xícara)
1 lata de leite condensado
5 ovos
1 pitada de sal

Como preparar?

É necessária a mesma medida da lata de leite condensado para fazer o suco de buriti a partir do doce. Como fazer o suco: bata no liquidificador o doce com água (na mesma medida da lata de leite condensado). No mesmo recipiente, acrescente os ovos, o leite condensado e a pitada de sal. Reserve. Separadamente, faça a calda na própria fôrma em que o pudim será assado – faça isso com o açúcar e os 50 ml de água. Depois de fria, acrescente a massa do pudim que estava reservada. Leve ao forno em banho-maria por 1 hora, coberto com papel alumínio, para não queimar a parte superior.

Camarão com molho de buriti

O que leva?

1 kg de camarão limpo
1 vidro de leite de coco
1 cebola média ralada
4 dentes de alho picado
1 colher de sopa de manteiga
1 colher de sopa de azeite
Sal a gosto
Salsinha a gosto
1 xícara da polpa do buriti
1 xícara de água
1 copo de requeijão.

Como preparar?

Faça o suco do buriti batendo a polpa com a xícara de água. Tempere os camarões com o sal e reserve. Frite o alho no azeite e na manteiga, junte a cebola até que ela fique transparente. Acrescente os camarões à fritura, deixe por 5 minutos, junte o suco do buriti, o leite de coco e, por último, o requeijão. Acerte o sal. Dica: servir acompanhado de um arroz branco ou um purê de batatas ou de macaxeira.

1 motivo a mais para saborear o buriti

O fruto desta palmeira é uma fonte de alimento privilegiada. Rico em vitaminas A, B e C, fornece ainda cálcio, ferro e proteínas. Normalmente, ele é consumido cru, ao natural, mas pode também ser transformado em sucos, licores, doces e outras sobremesas de paladar peculiar. Do fruto, pode ser extraído um óleo de propriedades medicinais – assim costumam fazer os povos tradicionais das regiões do cerrado brasileiro, onde a planta pode mais facilmente ser encontrada. Lá, eles a utilizam como cicatrizante, vermífugo e energético natural.

FONTE: Instituto Sociedade, População e Natureza (ISPN) www.ispn.org.br

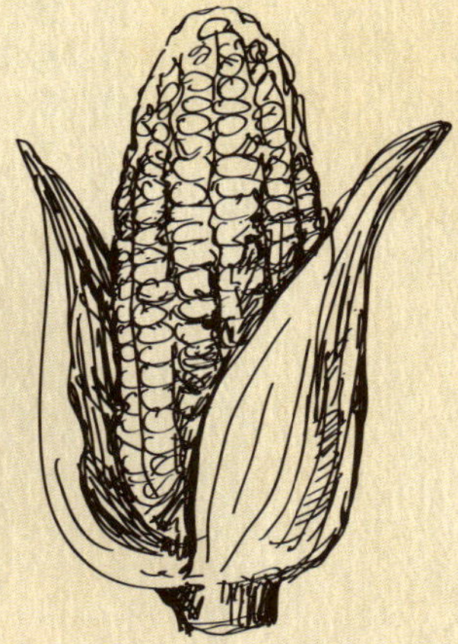

Que sabor sua rua tem?

"A educação do paladar passa por comidas que foram excluídas das mesas contemporâneas. Interessante acompanhar os modos de fazer, a ciência do ponto, os sabores, exóticos uns, nostálgicos outros, que não vêm de fogões a lenha, mas a gás. O que importa é que esses sabores passam de geração a geração, incorporando novas práticas, adequando-se ao ritmo de hoje (...)".

Gilmar de Carvalho,
no livro "Artes da Tradição – Mestres do Povo", de 2005

Foi-se o tempo em que Fortaleza se desenhava em muros baixinhos que eram escalados indevidamente apenas pela malandragem de moleques e molecas. Muitas vezes, no afã de usurpar frutas de pequenos quintais e jardins. O perfume adocicado dos jambos costumava fazer outubros, novembros e dezembros ganharem ruas enfeitadas de crianças cheias de desejos e sacolas plásticas para carregarem o máximo que conseguissem das árvores alheias. É nesse trimestre que as frutas abundam nos troncos e que, muitas vezes, de tão fartas as árvores, e de tão maduras as frutas, calçadas viram tapetes de jambos e suas flores rosadas.

Hoje, os muros das grandes cidades procuram cada vez mais o céu, impedindo a traquinagem de outrora. Mas os espaços públicos ainda, felizmente, nos brindam com alguns jambeiros e outras árvores frutíferas que insistem em sobreviver. Um chão "pintado" de flores pode anunciar um carregamento de deliciosas frutas no alto. Nas páginas adiante, sete fáceis receitas aproveitam o jambo – essa fruta tão bonita e tão apreciada ao natural. Dos testes caseiros, produzi geleias, compotas e doces. Além dessas sugestões, saladas de frutas, vitaminas, sorvetes e até bombons trufados podem se valer, com sucesso, do jambo. A partir dessa fruta de cor e sabor intensos, vamos entender também a diferença entre geleias, doces e compotas.

Nas próximas páginas, procuro destrinchar um pouquinho do que podemos fazer com outros ingredientes que ainda conseguimos achar habitando as ruas das grandes metrópoles, como o coco-babão, a castanhola e a munguba – além do jambo já citado. Este capítulo também viaja pelos sabores que podemos garimpar nos mercados municipais. Todas as receitas a seguir podem nascer de buscas nas ruas, nos quintais e nos mercados.

Muitas frutas podem ser aproveitadas para a confecção de geleias e outros tipos de sobremesa. Algumas, quase nunca atentamos para elas. Por vezes, cruzamos com árvores fartas de frutos no meio de uma praça, de uma calçada, de uma rua. E enxergamos "apenas" o frescor de sua sombra. Habituamo-nos a associar o alimento às prateleiras dos supermercados e esquecemos de olhar a nossa volta. Os pés de coco-babão e as castanholeiras são facilmente encontrados em Fortaleza, por exemplo. (Você já viu os cachos lindos de coco-babão na Praça Portugal?). Vamos aprender a fazer com essa fruta uma geleia deliciosa que pode ser apreciada ao natural ou servir de tempero para uma costelinha de porco ao forno. O fruto da castanholeira também é outro ignorado, mas cujas sementes e polpa são comestíveis.

Nos passeios pelos mercados, fácil é encontrar o maxixe – que parece estar para o feijão assim como o feijão está para o arroz. No entanto, vamos aqui sair do lugar-comum maxixe e feijão – embora eu ache essa parceria fabulosa. No sertão, uma ave que anda muito solta e tem sabor forte chama-se "capote". Anos atrás, testei um prato que levava a ave e muitos maxixes. Até hoje cozinho essa delícia: o "capote da capoeira". Você vai aprender um prato que julgo ser tanto sertanejo quanto vegetariano: o risoto de maxixe. Fácil e muito prático. Quero que entre nessa viagem gastronômica com seu olhar, olfato e paladar. O maxixe é bem tradicional no Nordeste, mas ainda pouco conhecido na Região Centro-Sul do Brasil.

Nada se perde, tudo se... saboreia

As receitas a seguir aproveitam muito do que costumamos deixar de lado nas receitas mais convencionais – como brotos e flores. Assim foi com a abóbora – no Nordeste, mais conhecida como "jerimum". No início dos anos 80, quando residi em Manaus (AM), resolvi aproveitar mais do que o jerimum costumava me oferecer.

Do broto dela, preparei uma gostosa omelete e, de sua flor, arrumei um acompanhamento diferente. É que eu havia lembrado das palavras da mamãe. Em um passado distante, costumava falar que "da abóbora, tudo se aproveita". Eu lembrava isso, mas nunca tinha visto ninguém fazer, nem mesmo minha mãe.

Já adulta e ensinando no Senac, voltei às "brincadeiras" com o jerimum na cidade cearense de Tejuçuoca. Era quadra chuvosa e havia lá esse fruto aos montes. Como fazer um melhor aproveitamento? Começamos pelas folhinhas novas, servindo um refogado de acompanhamento – com alho e cebola. O resultado é leve e aromatiza até mesmo um simples ovo frito (jogue esse refogado em cima e faça o teste!). À milanesa, a flor do jerimum entrou de forma excelente como acompanhamento de frituras ou carnes assadas. Já do caule da folha (aquele cabinho) tiramos a fibra e cortamos em rodelinhas que, refogadas podem ser colocadas no arroz, em uma massa curta ou numa salada de massa. Algumas das peripécias com o jerimum estão distribuídas em três receitas desse livro.

"Não desperdiçar" eram duas palavras proferidas sempre em par durante minha infância e adolescência. Nas imediações da cidade cearense de Reriutaba, meu avô tinha uma fazenda farta, de onde absolutamente tudo se aproveitava. Como bom português que era, vovô não deixava nada se perder. Tudo ia para a mesa ou ele lhe arranjava outra serventia. Ou ainda se tentava transformar um ingrediente em inúmeros sabores diferentes. Aproveitávamos, por exemplo, o milho. Ele virava cuscuz, canjica, pamonha, pipoca, aluá, bolo, pão, biscoito. Isso sempre foi comum. Mas que tal aprender a fazer um biscoito de milho com goiabada? Esse é um dos meus preferidos e você vai ver como é fácil prepará-lo.

Nesse processo contínuo de aprendizado e ensino, considero importante a troca de informações e experiências. Sempre que posso, tento compartilhar um pouco da vasta pesquisa que venho fazendo sobre ingredientes regionais. É o que procuro fazer nessa obra que lhe apresento. E sugiro: sempre que puder, converse com cozinheiros, feirantes, agricultores e, se possível, chefs de cozinha. Alguns dedos de boa prosa sobre os segredos e peculiaridades dos alimentos podem render dicas preciosas e até fazer nascer novos pratos. E, cá pra nós, falar de comida é bom demais, não é?

Sorte, prosperidade e deleite

Cinco das receitas que seguem estão entre as mais recentes e foram nascendo da memória afetiva que gostaria de compartilhar com você. Grandes áreas arborizadas em locais úmidos costumam se enfeitar também da munguba (ou monguba), uma bela árvore de copa frondosa, frutos comestíveis e lindas flores coloridas e perfumadas. Uma árvore específica, no entanto, me tocou em especial, em meados do ano 2014: com pouco mais de 100 anos de idade, o pé de munguba que conheci na cidade de Guaiúba (CE) foi um dos mais belos que já vi. Está fincado sombreando a casa de uma família humilde, que o plantou em 1912, no dia em que o primeiro filho homem nasceu.

Os pais desejavam "sorte e prosperidade" ao seu primogênito. Por isso, a escolha pela árvore – na Europa e na América do Norte, há tempos já se associava a munguba à sorte e à prosperidade. Raimundo de Araújo, o bebê que ganhou em um pé de munguba de presente, completou 18 anos, foi embora para o Rio de Janeiro num porão de um navio, virou poeta, formou-se em Direito. Teve sorte e prosperidade, não foi? Assim acredito que a vida de Raimundo seguiu, ligada à história do lindo pé de munguba que conheci. Resolvi ali começar minhas receitas com a semente da planta. Todas nascidas da enorme árvore de Raimundo: pé de moleque, docinho de leite condensado com munguba, camarão na crosta, salada e cheese cake. Compartilho-as, logo mais, com você.

Jambo

Geleia de jambo

O que leva?
1 kg de polpa de jambo
700 g de açúcar cristal
1 litro de água

Como preparar?
Cozinhe o jambo com o litro de água. Depois de cozido, processe-o no liquidificador. Acrescente o açúcar à mistura e leve-a ao fogo. O ponto de geleia é alcançado quando se realiza um movimento de abertura da mistura com a colher e o fundo da panela aparece (lembre-se sempre disso!). Basta agora deixar esfriar e aproveitar.

Bombom trufado com recheio de jambo

Fez a geleia e ela ficou ótima? O segundo passo é aproveitá-la em outras novas receitas. Como esta.

O que leva?
500 g de chocolate branco
Geleia de jambo (a gosto)

Como preparar?
Derreta o chocolate e coloque-o em forminhas de acetato para fazer a casquinha e rechear (depois) com a geleia de jambo. Encha as forminhas com chocolate branco e leve-as ao freezer. Deixe-as lá por 5 minutos. Retire-as, acrescente a geleia e feche com chocolate branco. Retorne-as ao freezer. Quando estiverem bem firmes, desenforme-as e estarão prontos os bombons.

Nilza, quais as diferenças básicas entre geleia, compota e doce?

A geleia é um doce pastoso e menos denso – menos encorpado. O doce faz jus ao nome – é mais doce e mais encorpado, com sabor mais forte. Já a compota é feita com frutas em pedaços (ou até inteiras, como no caso da compota de figo).

Doce de jambo

O que leva?
1 kg de polpa de jambo
800 g de açúcar cristal
1 litro de água

Como preparar?
Cozinhe o jambo com o litro de água. Depois de cozido, processe-o no liquidificador. Acrescente o açúcar à mistura e leve-a ao fogo. O ponto do doce é alcançado quando se realiza um movimento com a colher e a mistura se desprende totalmente do fundo da panela (lembre-se sempre disso!). Deixe a mistura esfriar e aproveite!

Torta fechada de jambo

Outra receita à base de jambo nascida no Senac, aproveitando a fartura do jambeiro mais próximo e a geleia de jambo que já aprendemos a fazer.

O que leva?

2 xícaras de geleia de jambo
2 xícaras de açúcar
4 xícaras de farinha de trigo com fermento
1,5 xícara de leite (para a massa)
1 xícara de leite (para a calda)
3 colheres de sopa de leite condensado (para a calda)
500 g de chocolate ao leite (para a cobertura)
200 g (1 caixa) de creme de leite (para a cobertura)
250 g de manteiga
5 ovos
1 pitada de sal

Como preparar?

Utilizando uma batedeira, bata – por 12 minutos – ovos, açúcar, manteiga e sal. Vá colocando a farinha de trigo aos poucos, intercalando com o leite (1,5 xícara), sem bater na batedeira, apenas mexendo. Despeje a mistura em uma fôrma redonda (25 cm de diâmetro) untada e polvilhada. Preaqueça o forno por 15 minutos, a uma temperatura de 180ºC. Em seguida, asse a mistura por cerca de 35 minutos.

Como montar seu prato?

Deixe a massa esfriar e parta-a ao meio. Prepare uma calda com uma xícara de leite e 3 colheres de sopa de leite condensado. Umedeça a massa com essa calda e, em seguida, acrescente 2 xícaras de geleia de jambo. Reserve. Para a cobertura, misture o chocolate ao leite com o creme de leite em uma panela, até que todo o chocolate derreta e os ingredientes se misturem. Volte à torta e derrame essa cobertura sobre ela. Outra sugestão é, ainda sobre a cobertura, acrescentar raspas de chocolate.

Dica!

Sempre que falarmos em forno preaquecido, esse preaquecimento deve ser feito a 180ºC e durante 15 minutos! Várias receitas necessitam desse procedimento. Leve sempre isso em consideração para as receitas anteriores e às próximas, ao longo deste guia de delícias.

Dica!

As compotas podem ser servidas com creme de leite, chantilly ou sorvete (gosto muito com o sorvete de creme).

Compota de jambo

O que leva?

2 kg do jambo inteiro
1,2 kg de açúcar cristal
1,5 litro de água

Como preparar?

Parta os jambos ao meio, desprezando o caroço e reservando as duas metades. Coloque-os na panela, levando ao fogo com água e açúcar. Cozinhe lentamente, até que o jambo fique transparente. Se necessário, acrescente mais água – vá sempre colocando aos poucos, até que os jambos fiquem totalmente transparentes.

Tartatan com jambo

Receitas podem nascer a qualquer hora, em qualquer lugar. Basta a curiosidade e a vontade de misturar (ou descobrir) sabores. Foi assim quando me veio à cabeça a ideia de produzir um tartatan (torta invertida) com jambos. Estava no Senac, em Fortaleza, ministrando aulas. Lembrei que, fora dali, havia um jambeiro carregado e pedi a um dos funcionários catar umas frutas. Quando ele voltou, testa aqui, testa acolá, nossa aula viu nascer uma nova receita.

Dica!

Para levar os tartatans ao forno, sugiro que use qualquer fôrma redonda, de preferência com aro 25.

O que leva?
15 jambos grandes
2 xícaras de açúcar cristal
1 xícara de água
2 colheres de sopa de manteiga
Massa folhada comprada pronta

Como preparar o caramelo?
Leve ao fogo o açúcar e a água e deixe-os caramelizar. Coloque as duas colheres de sopa de manteiga.

Como montar seu prato?
Coloque o caramelo na fôrma e arrume os jambos de forma que fiquem com a parte vermelha para baixo, sobre a calda. Cubra totalmente os jambos com a massa folhada. Preaqueça o forno por 15 minutos e leve a mistura a ele. Quando a massa estiver dourada, este é o ponto! Desenforme o tartatan ainda quente, para que a calda não pregue.

Mix de folhas verdes com jambo

O que leva a salada?
3 jambos (cortados em cubos pequenos)
½ (meia) xícara de semente de romã
100 g de queijo coalho cortado em cubinhos Alface roxa, alface americana e rúcula (tudo a gosto)

O que leva o molho?
4 colheres de sopa de suco de limão
6 colheres de sopa de azeite
Sal a gosto

Como preparar seu prato?
Misture bem os ingredientes do molho até que ele fique bem espesso. Você pode colocá-lo em uma molheira ou regar a salada na hora em que servir.

Jerimum/abóbora

Omelete com broto de jerimum

O que leva?

½ (meia) xícara de broto de jerimum
2 ovos
2 colheres de sopa de leite
1 pitada de sal
Pimenta-do-reino moída na hora a gosto

Como preparar?

Corte o broto do jerimum e deixe-o reservado (não precisa bater). Apenas misture os ovos, o leite, o sal e a pimenta-do-reino. Coloque-os numa frigideira antiaderente, com o mínimo de óleo possível – lembrando que a frigideira tem de estar quente o suficiente para quando a massa bater nela, começar logo a cozinhar. Quando a omelete estiver no ponto, coloque o broto do jerimum como recheio. Feche a massa e se delicie. É uma receita bem natural e excelente para vegetarianos.

Muffins com jerimum

O que leva?

1 xícara de jerimum cozido e amassado
1 xícara de chá de leite
4 xícaras de chá de farinha de trigo com fermento
100 g de manteiga
1 colher de sopa de fermento em pó
5 ovos
Sal e cebolinha (ambos a gosto)

Como preparar?

Preaqueça o forno. Misture: os ovos, a manteiga (já derretida), o sal, o leite e o jerimum amassado. Por último, acrescente a farinha de trigo. Divida a massa em forminhas – com o cuidado de não ultrapassar três quartos da forminha. Com o forno preaquecido e as forminhas já untadas e polvilhadas, deixe-as lá durante 10 a 14 minutos, na temperatura de 180ºC.

Dica!

Procurou broto de jerimum nos supermercados e eles não têm o produto? Comece a conversar com os gerentes. Tudo depende da procura. Minha sugestão é que sempre tentemos conversar com os comerciantes de uma forma geral. Quando há demanda, o mercado começa a ofertar.

Dica!

Nem toda flor dá fruto. Quando isso acontece, a flor que não dá fruto pode ser colhida, contanto que seja consumida no mesmo dia. Caso contrário, ela murcha. O ideal é encomendar de um fornecedor direto.

1 motivo a mais para saborear o jerimum

Ele é um fruto rico em vitamina A. Também fornece vitaminas do complexo B, cálcio e fósforo. Tem poucas calorias e é de fácil digestão.

FONTE: Unidades Descentralizadas da Empresa Brasileira de Pesquisa Agropecuária (Embrapa): Embrapa Hortaliças (www.embrapa.br/hortalicas)

Flor do jerimum (acompanhamento)

O que leva?

10 flores de jerimum
500 g de farinha de rosca (de preferência a mais grossa)
50 g de queijo parmesão ralado
3 ovos
3 colheres de sopa de leite
Óleo para fritura (ou azeite ou manteiga)
Farinha de trigo sem fermento (a gosto)
Sal a gosto

Como preparar?

Separadamente, misture o ovo, o leite e o queijo. Passe a flor na farinha de trigo, depois na mistura (ovo, leite e queijo), e depois na farinha de rosca. Frite. Dessa forma, a flor do jerimum serve bem como acompanhamento para assados e fritos. Você pode também fazer uma salada verde e acompanhar.

Dicas!

O jerimum inteiro nos fornece refeições completas. Basta trabalhar a imaginação. Outras sugestões: descasque o jerimum e separe as sementes também. Deixe a polpa limpa. Depois de separadas e secas, as sementes podem ser servidas como aperitivo ou ainda ser transformadas em farinha – que pode ser agregada à massa do bolo, do pão ou do mingau. Secas, as sementes do jerimum também podem ser utilizadas como vermífugos – além de saborosas e ricas em nutrientes, como o ferro. É fácil secá-las. Para torrá-las e consumi-las como aperitivos, lave-as bem, seque-as em papel absorvente ou pano limpo, tempere-as com sal e leve-as ao forno quente por cerca de 40 minutos. Tente mexê-las de vez em quando, para que fiquem torradas proporcionalmente.

O restante do fruto pode ir para sopas. A polpa do jerimum pode, ainda, render um belo purê ou ser acrescentada às receitas de carne de sol. Bolos, pães e pudins também podem nascer do jerimum. Dele, só não podemos aproveitar mesmo a raiz.

Milho

Pão com fubá de milho

O que leva?
2 xícaras de fubá de milho
20 g de fermento biológico
400 ml de leite
2 ovos inteiros
2 colheres de sopa de manteiga
1 colher de sopa de açúcar
Farinha de trigo suficiente para fazer a massa desprender-se das mãos
Sal a gosto

Como preparar?
Em uma tigela, coloque o leite, o açúcar e o fermento. Misture bem até dissolver totalmente o fermento e o açúcar. Em seguida, acrescente o ovo, a manteiga, o sal, o fubá de milho e a farinha de trigo. Feito isso, deixe a massa descansar por 40 minutos. Baixe a massa e modele os pães – uma dica é fazer isso em fôrmas retangulares próprias para pão de forma. Unte e polvilhe uma fôrma maior e coloque dentro os pães. Deixe a massa dobrar de volume. Leve a assadeira ao forno (já preaquecido) e deixe-a lá por, aproximadamente, 20 minutos – a 180°C.

Frango caipira com molho de milho

O que leva?

1 frango inteiro cortado em pedaços
1 lata de milho-verde
1 lata de creme de leite
1 cebola média
50 ml de azeite
5 dentes de alho picados
1 pimentão médio cortado em cubos
1 folha de louro
1 colher de sopa de páprica doce
Sal, cheiro-verde a gosto, orégano e pimenta-do-reino (tudo a gosto)

Como preparar?

Doure o alho no azeite e sele bem o frango, depois coloque a páprica, a cebola, o pimentão, o orégano e o sal. Nesse tempero, deixe cozinhando por uns 10 minutos. Depois, caso necessite, vá colocando água morna, de forma gradativa, até o frango ficar bem macio. Bata a lata de milho com a própria água da lata, junte o creme de leite, e coloque no frango. Por último, acrescente o cheiro-verde picado, para dar uma finalização. Finalize com o cheiro-verde. O molho vai ficar cremoso. Sugestão: sirva com arroz e salada verde.

Dica!

Sugestão de adaptação para quem prefere peixe: trocar orégano por alecrim. Peixe do mar, em postas ou filé alto. Não precisa colocar água para cozinhar o peixe. Basta refogá-lo, bater o milho e o creme de leite e colocar sobre o peixe e deixar ferver (10 minutos é tempo suficiente).

Biscoito de milho com goiabada

O que leva?

1 xícara de fubá de milho
200 g de goiabada em pedaços
2 xícaras de farinha de trigo
1 xícara de açúcar
300 g de margarina
2 ovos inteiros
1 pitada de sal

Como preparar?

Deixe a goiabada reservada e junte todos os demais ingredientes para fazer uma massa. Deixe-a descansar por 20 minutos. Utilizando as mãos, faça bolinhas com essa massa e achate-as com a cabeça do dedo, fazendo um buraquinho. Coloque a goiabada nesse buraquinho. Preaqueça o forno por 15 minutos. Polvilhe uma fôrma com farinha de trigo e leve-a ao forno com os biscoitos – forno a 180ºC. Eles levarão apenas 10 minutos para assar, finalizando uma de minhas receitas preferidas utilizando o milho.

Bolo de milho com goiabada

O que leva?

1 goiabada (em lata ou barra – 400 g)
2 xícaras de fubá de milho
2 xícaras de leite
1 xícara de leite de coco
2 xícaras de açúcar
2 xícaras de farinha de trigo com fermento
5 ovos
300 g de manteiga
1 pitada de sal

Como preparar?

Bata o açúcar com os ovos e a manteiga por 12 minutos. Coloque as farinhas, alternando com o leite de coco e o de gado. Montagem: pegue uma fôrma (de preferência, retangular e com 25 cm de comprimento) untada e polvilhada. Despeje nela uma camada da massa do bolo e, em seguida, coloque sobre a massa a goiabada cortada em fatias finas. Preaqueça o forno a 180ºC, por 15 minutos. Coloque a fôrma lá e deixe-a por 25 a 30 minutos. O resultado é um bolo fofo, com a goiabada bem no meio.

1 motivo a mais para saborear o milho

Considerado um alimento energético, o milho é rico em carboidratos. Além disso, é fonte de fibras e óleo; e fornece pequenas quantidades de vitaminas B1, B2 e E.

Fonte: Unidades Descentralizadas da Empresa Brasileira de Pesquisa Agropecuária (Embrapa): Embrapa Hortaliças (www.embrapa.br/hortalicas)

Nhoque de milho-verde com tomate seco, camarão e manjericão

O que leva a massa?
5 espigas de milho-verde
300 ml de leite (1 copo e meio)
50 g de queijo parmesão fresco e ralado
1 xícara de farinha de trigo sem fermento

O que leva o molho?
1 xícara de folhinhas de manjericão
3 kg de tomate bem maduro
200 g de tomate seco
5 dentes de alho picados
1 cebola média
3 colheres de sopa de azeite
3 colheres de sopa de açúcar (para quebrar a acidez do tomate)

Como preparar o nhoque?
Processe o milho com o leite no liquidificador. Passe a mistura pela peneira e leve-a ao fogo médio para cozinhar. Deixe-a esfriar e acrescente uma xícara de farinha de trigo sem fermento. Modele os nhoques e cozinhe-os em uma panela com bastante água, sal e azeite. Reserve.

Como preparar o molho?
Doure o alho picado com azeite, corte a cebola e os tomates frescos e ponha-os para refogar. Acrescente o açúcar e leve ao forno para cozinhar. Quando os tomates estiverem totalmente dissolvidos, bata-os no liquidificador, retire-os e peneire-os. Corte o tomate seco e o manjericão e junte-os ao molho peneirado. Leve tudo ao fogo e deixe fazer uma redução – para deixar um molho encorpado, mas não seco.

Como montar seu prato?
Coloque o nhoque em uma travessa refratária e regue-o em seguida com o molho. Polvilhe sobre ele o queijo ralado e leve-o ao forno preaquecido para gratinar. Bastam 15 minutos para que seu prato esteja pronto para ser servido, sem a necessidade de acompanhamentos.

Maxixe

Risoto de maxixe

O que leva?
500 g de maxixe
300 g de arroz arbóreo
200 g de queijo coalho (ralado na parte grossa do ralo)
250 g de creme de nata
1 cebola média
3 dentes de alho picados
200 ml de vinho branco seco (1 copo)
50 ml de azeite, manteiga ou manteiga da terra
Cheiro-verde, cebolinha e sal (tudo a gosto)
Água suficiente para cozinhar o arroz

1 motivo a mais para saborear o maxixe

O maxixe é fonte de sais minerais, principalmente o zinco. E tem poucas calorias!

Como preparar?

Refogue o alho no azeite (ou manteiga) e acrescente a ele o arroz, refogando um pouco. Com a água já fervendo, despeje-a sobre o arroz. Em seguida, acrescente o maxixe e deixe-o cozinhando junto com o arroz – lembrando que o maxixe pode ser cortado de diversas maneiras, ao gosto da pessoa (rodelas, cubos ou sentido do comprimento). Acrescente o sal e o vinho e continue mexendo. É bom sempre ficar testando, provando, se o arroz está no ponto (durinho e macio). Quando ele estiver no ponto, acrescente o queijo coalho ralado e o creme de nata. Mexa bem para encorpar tanto o queijo quanto o creme de nata. Não deixe o arroz seco. Ele tem de ficar bem cremoso. Está pronto um prato que é considerado vegetariano e, ao mesmo tempo, bem sertanejo!

Dica!

O arroz tem que ficar ao dente e cremoso. Não pode ficar cozido e seco. Tem de ser feito e servido na hora, de preferência em prato fundo. Esse arroz não precisa ser lavado, porque queremos bastante goma nele para que fique cremoso. Ao fim do preparo do prato, sugiro ainda pitadas de queijo parmesão ralado fresco para colocar por cima. Essa receita casa muito bem com um vinho branco.

Capote da capoeira

O que leva?

1 capote cortado em pedaços (sem os miúdos, só a carne)
600 g de maxixe cortado ao meio (no sentido da circunferência)
1 kg de tomate picado
5 dentes de alho picados
1 cebola roxa média
½ (meia) xícara de manteiga da terra
Cheiro-verde e sal (ambos a gosto)

Como preparar?

Doure o alho picado na manteiga e acrescente o capote, refogando-o muito bem. Acrescente a cebola, sal e tomate picado. Vá acrescentando água quente conforme a necessidade para o cozimento da ave. Quando ela estiver macia, acrescente os maxixes. Deixe o molho ficar bem grosso – esse vai ser o momento de colocar o cheiro-verde.

Dica!

Raspe ou descasque o maxixe por fora antes de cozinhá-lo ou consumi-lo cru. Utilize uma faca ou retire cascas bem finas para evitar desperdícios. Essa receita fica melhor ainda se acompanhada de cuscuz, arroz ou baião de dois. É outro prato bem sertanejo, nascido com ingredientes que podem ser encontrados nos grandes mercados.

Coco-babão

Geleia de coco-babão

O que leva?
500 g da polpa do coco-babão (retira-se com tesoura)
400 g de açúcar cristal
1 litro de água
1 pimenta-dedo-de-moça sem sementes

Como preparar?
Corte a polpa do coco-babão com tesoura e leve-a ao fogo para cozinhar com a água. Depois de cozida, espere que esfrie e processe-a no liquidificador, juntamente com a pimenta. Passe tudo pela peneira. Em seguida, acrescente o açúcar e leve tudo ao fogo, mexendo sempre até que fique no ponto de geleia. Retire do fogo e deixe esfriar. Rápido, fácil e saboroso.

Costelinha de porco com geleia de coco-babão

O que leva?
1,5 kg de costelinha de porco
200 ml de vinho branco
5 dentes alho
3 dentes de cravo
Sal e pimenta-do-reino em grãos (ambos a gosto)
Geleia de coco-babão (em quantidade suficiente para pincelar a costelinha)

Como preparar?
Soque a pimenta junto com o alho, o sal e o cravo e, em seguida, acrescente o vinho. Passe essa mistura nas costelinhas. Coloque tudo em um recipiente fechado e deixe temperando na geladeira – até o dia seguinte, para que se misturem bem os sabores. No dia seguinte, leve as costelinhas ao forno, embrulhadas em papel-alumínio. O tempero será absorvido todo na carne se ela ficar uma hora no forno. Após esse tempo, retire o papel para que as costelinhas comecem a dourar. Quando começarem a dourar, pincele-as com a geleia de coco-babão . Ficam bem douradinhas, suculentas e você já deve estar sentindo o cheiro e o sabor só de ler isso aqui. Mãos à obra!

Jamelão / azeitona preta

Sorvete de jamelão

O que leva?
1 kg de jamelão
10 gemas de ovo
½ (meio) litro de leite
½ (meio) kg de açúcar
1 fava de baunilha
1 litro de água (para cozinhar o jamelão e fazer um purê)

Como preparar?
Cozinhe os jamelões e faça um purê. Reserve-o. Ferva o leite com a fava da baunilha. Após ele esfriar, coloque o açúcar e as gemas peneiradas no leite e leve-o ao fogo até que ele fique cremoso. Quando esfriar novamente, junte o purê de jamelão e leve a mistura para congelar. Após o congelamento, bata tudo na batedeira até quebrar todos os cristais de gelo. Volte a mistura novamente ao freezer e bom apetite!

Nilza, e se eu não gostar de aguardente?

Nenhuma receita é fechada. Caso você não aprecie o sabor da aguardente, ela pode ser substituída pela vodka, por exemplo.

Licor com jamelão

O que leva?

1 kg de jamelão
200 g de açúcar granulado
½ (meio) litro de aguardente branco

Como preparar?

Lave muito bem os frutos. Quando eles secarem, coloque-os dentro de uma garrafa branca transparente, junte o açúcar e a aguardente. O segredo é deixar o líquido em um lugar escuro e agitar a garrafa todos os dias, durante 30 dias, quando o licor estará pronto. Filtre o líquido e coloque-o em garrafa de sua preferência.

Castanhola

Crianças costumam brincar com seus rígidos frutos e os adultos, bater um papo aproveitando a sombra gostosa da castanholeira, principalmente em regiões litorâneas, onde essa árvore é bem comum. Poucos sabem: ela dá frutos ricos em fibras e minerais. Aproveitando esse potencial, testei uma geleia que deu muito certo.

Geleia de castanholas

O que leva?

1 litro de suco de castanholas
500 g de açúcar cristal
½ (meio) litro de água
1 kg de casca de maracujá para retirar a pectina
1 litro de água para cozinhar a casca do maracujá

Como preparar?

Para fazer o suco, retire toda a polpa das castanholas – quantas desejar, dependendo do seu paladar. A polpa dessa fruta é doce, ácida e tem um perfume agradável. Processe-a no liquidificador com meio litro de água. Reserve. Parta os maracujás ao meio e retire-lhes a polpa. Coloque 1 litro de água na panela e acrescente as cascas do maracujá, dando início ao processo de cozimento. Quando as cascas estiverem cozidas, despreze a parte amarela e processe a parte branca com o suco das castanholas no liquidificador. Em seguida, leve ao fogo juntamente com o açúcar. Deixe reduzir bem até dar o ponto de geleia.

Dica!

A esta receita, há ainda a opção de acrescentar uma colher de chá de pimenta calabresa. Fica uma delícia! Obviamente não tente oferecer a geleia apimentada a quem não é fã de pimenta... Outra opção é utilizar esta geleia como recheio de bombons e tortas.

1 motivo a mais para saborear a castanhola

Alguns estudos preliminares indicam que o fruto da castanhola apresenta potencial antioxidante, nutricional e tecnológico. Alto teor de fibra alimentar é encontrado na polpa e semente – sendo esta última potencial fonte energética, com 46,52% de lipídeos e 20,32% de proteínas. Já a polpa apresenta altos teores de minerais.

Fonte: Rosália Maria Tôrres de Lima, dissertação de mestrado "Fruto da castanhola (*Terminalia catappa linn.*): compostos bioativos, atividade antioxidante e aplicação tecnológica". Programa de Pós-Graduação em Alimentos e Nutrição (PPGAN) da Universidade Federal do Piauí. 2012

Munguba/monguba

Adquiri um carinho especial por esse ingrediente anos atrás. Essa árvore de grande porte, comum nas ruas e avenidas de Fortaleza e em todo o Ceará, dá uma flor linda, grande, colorida e perfumada. Mais conhecida como “castanha do Maranhão” ou “falso cacau”, ela é uma espécie de amêndoa. Sua cápsula parece um cacau, sendo o cacau amarelo e ela, de cor marrom bem escuro. Dentro, encontram-se as amêndoas. Para se ter uma ideia do potencial da munguba, tudo o que se faz com a castanha de caju pode ser feito também com essa amêndoa. Seguem 5 sugestões.

Pé de moleque com munguba

O que leva?
300 g de amêndoa da munguba assada
180 g (1 xícara) de açúcar cristal
1 lata de leite condensado

Como preparar?
Triture a munguba em pedaços menores, leve-a ao fogo com o açúcar e aguarde caramelizar. Em seguida, junte o leite condensado e deixe até que a mistura comece a se desprender da panela (afastando com a colher, a mistura abre). Coloque-a sobre uma superfície lisa e previamente untada com manteiga. Depois de esfriar, corte seu pé de moleque e sirva.

Nilza, que sabor a munguba tem?

Ela lembra muito o sabor do amendoim.

Docinho de leite condensado com munguba

O que leva?
100 g da amêndoa da munguba triturada e assada
1 lata de leite condensado
1 gema de ovo
1 colher de sopa de manteiga

Como preparar?
Junte todos os ingredientes, leve-os ao fogo e misture até que se desprendam do fundo da panela. Faça os docinhos e passe-os sobre confeites coloridos granulados. Coloque-os em forminhas e sirva. Simples assim.

Camarão com crosta de munguba

Nilza, e por que tanto azeite?

Porque a fritura é feita por imersão. Isso quer dizer que os camarões precisam ser mergulhados inteiramente no azeite.

O que leva?
12 camarões grandes limpos (sem casca)
½ (meia) xícara de farinha da castanha de munguba
1 xícara de farinha de trigo sem fermento
2 xícaras de farinha de rosca grossa
2 ovos
2 colheres de sopa de leite
500 ml de azeite
Suco de 1 limão + raspas da casca do limão
Sal e pimenta-do-reino (ambos a gosto)

Como preparar?
Separadamente, misture a farinha de rosca com a farinha de munguba. Junte o suco de limão, sal, raspas da casca de limão e pimenta-do-reino para temperar os camarões. Deixe-os marinando no tempero por, pelo menos, 30 minutos. Em seguida, passe-os na farinha de trigo, no ovo misturado com o leite e, por último, na farinha de rosca (já previamente misturada com farinha de munguba). Agora, basta fritá-los no azeite.

Cheese cake de munguba e geleia de jambo

Recorda-se da geleia de jambo que ensinei poucas páginas atrás? Ela agora faz parte de outra receita. Qualquer dúvida, volte um pouco e reveja o preparo da geleia.

O que leva o fundo da torta?
200 g de biscoito maisena
100 g de farinha de munguba
150 g de manteiga derretida

O que leva o recheio?
1 lata de leite condensado
200 g de creme cheese
200 g de creme de leite
10 g de gelatina sem sabor

O que leva a cobertura?
250 g de geleia de jambo
Munguba caramelizada para finalizar

Como preparar a massa?
Triture os biscoitos no liquidificador, misture-os com a farinha da munguba e a manteiga derretida. Forre o fundo da fôrma e leve-a para a geladeira.

Como preparar o recheio?
Coloque todos os ingredientes no liquidificador. Bata-os até que fique uma mistura bem uniforme. Retire a fôrma da geladeira e acrescente o recheio. Volte com a torta para a geladeira por, no mínimo, quatro horas. Desenforme, coloque a geleia e finalize com a munguba. Bom apetite!

Salada de acelga, abacaxi, croûtons e munguba

O que leva?

10 castanhas-de-munguba
½ (meio) pé de acelga
½ (meio) abacaxi cortado em cubinhos
5 fatias de pão de forma de sua preferência (melhor que sejam de 2 ou 3 dias)

Como assar a munguba?

Leve-a ao forno preaquecido por 15 minutos. Retire do forno, deixe esfriar (ela só solta a casca depois de fria) e retire a casca. Logo após, triture-a em pedaços médios que serão jogados sobre a salada.

Como "fabricar" seus próprios croûtons?

Tire a parte de fora (bordas) do pão de forma e despreze-a. Corte o pão que sobrou em cubos pequenos e leve-os ao forno preaquecido. Deixe os cubos assarem por 10 minutos (fique olhando sempre para não deixá-los queimar). Em seguida, deixe-os esfriar fora do forno.

Como iniciar o preparo da salada?

Faça a higienização da acelga, lavando as folhas uma a uma. Corte-as bem fininhas e reserve-as. Corte o abacaxi em cubos e leve-os ao fogo sem água. A fruta vai soltando água até ficar transparente. Reserve.

Como montar seu prato?

Em um recipiente próprio para salada, misture bem a acelga com o abacaxi. Depois, coloque os croûtons e a munguba assada por cima – além do molho de sua preferência.

Dica!

Não se coloca abacaxi cru nas saladas. Ele tem que ser cozido, senão enche d'água.

Um pomar, tantas receitas

"A crônica literária tem transcorrido com proverbial injustiça às cozinhas. Não lhe é concedida descrição honrosa, reservando o entusiasmo de apreciação, infelizmente, para as salas suntuosas (...). A boa cozinha, portanto, não se improvisa. Carece de aprendizado, de 'pedagogia', nem sempre escrita, mas prevalecente pelo menos no Ceará pela tradição oral".

Eduardo Campos,
no livro "A gramática do paladar – Antepasto de velhas receitas", de 1996

Fuçar, remexer e pesquisar revigoram meu espírito de quituteira, cozinheira, chef, professora, culinarista. Já esbocei meus sorrisos quando me chamaram, até, de "alquimista" da cozinha. Que sejam! Aos 74 anos, penso ainda haver espaço para tudo isso e o que vier adiante. É na Gastronomia que me realizo e onde sinto haver caminhos para descobertas, aprendizados e partilhas de saber. Como o poder de transformar, por exemplo, ingredientes simples e comuns, frutas bastante conhecidas em todo o Brasil, em componentes de uma refeição inesquecível. E é regozijador se alcançar isso. O que mais fazer com a melancia, a goiaba, o tamarindo, o cajá e o caju, além dos deliciosos sucos e doces?

Você já deve ter percebido que temos tentado aproveitar também produtos que já são utilizados, mas não em determinadas receitas. Produtos conhecidos, mas receitas desconhecidas. Em alguns casos, chegamos a utilizar produtos que não são comuns para consumo humano, mas dos quais nos apropriamos para criar pratos saborosos e nutritivos.

Na pequena viagem pelas próximas páginas, essas cinco frutas vão lhe ser apresentadas em forma de sopas, molhos, musses, risotos, saladas, fritadas, bifes, almôndegas e, curiosamente, até aluás. São receitas criadas durante as andanças pelo Interior, onde, muitas vezes, há fartura e, inclusive, desperdício de algumas frutas. Em um dos casos, aproveitei para unir o útil ao agradável. Em uma época em que o preço do tomate disparou, não se sabia como aproveitar outro ingrediente para fazer substituir os molhos nas receitas. Você sabia que a goiaba tem esse poder? Em várias receitas que "pedem" o molho de tomate, consegui mantê-las saborosas apenas substituindo o tomate pela goiaba – embora tenham gostos bem diferentes. Você vai perceber como é interessante e acertada essa substituição. Por experiência, posso afirmar que ingredientes nativos podem ganhar novas simbologias em pratos sofisticados.

Acontece como nas demais receitas: em um processo intuitivo e de experimentação, vou testando o que me vem à cabeça. Se percebo que dá certo, sigo adiante, como já mencionei em capítulos anteriores. No caso da melancia, foi puro desejo de inventar. Acrescentando outras frutas, preparei dela: sopa, doce e geleia. Quando sei que há uma receita interessante que leva molho de maracujá, penso logo: "Se com maracujá dá certo, com acerola também deve dar". E assim vou testando tudo. Como no caso das geleias de todas as frutas que não possuem pectina (aquela espécie de liga) – venho obtendo bons resultados, por exemplo, tirando a polpa branca da casca do maracujá e processando-a no liquidificador juntamente com o suco da própria fruta. Desta forma, consigo obter uma geleia natural. A casca da jaca também rende uma ótima geleia!

Há delícia no bagaço

Nos tempos em que, felizmente, a sustentabilidade e a preocupação efetiva com as questões ambientais vêm sendo jogadas aos holofotes do mundo, dói-me pensar em desperdiçar qualquer alimento que possa ser aproveitado. Ainda garota, nos meados da adolescência, chamou minha atenção a primeira vez que vi meu pai com uma bacia abarrotada de cajus que nos renderam muito mais que um delicioso suco fresco. Depois de retirado o suco, ele pegou todo aquele bagaço, acrescentou ovos e farinha de trigo e anunciou à família:

– "Estou fazendo hambúrgueres de caju pra vocês".

Era o nosso caju! Fico muito feliz quando, já nos dias de hoje, ouço notícias de que tem alguém fazendo o mesmo. Aqui e acolá, aparecem cozinheiros mais atentos para o aproveitamento completo de nossas frutas. De renomados chefs a cozinheiros caseiros. Costumo ver receitas aproveitando de todo jeito a castanha do caju. Ótimo! Mas e a polpa? É equivocado associá-la apenas ao suco ou consumo *in natura*. Em oito receitas (das inúmeras possibilidades), vamos preparar juntos por aqui: musse, almôndegas, bife, fritada e vários tipos de salada – tudo apenas com a polpa inteira ou a fibra (resíduo/bagaço) do caju.

O tamarindo é outra fruta que costuma ser subaproveitada e é conhecida apenas pelo suco de sabor intenso. Sabe o que inventei certa vez e que você também poderá fazer – em alguns minutos? Aluá com tamarindo. Receita nascida na cidade de Guaíba (CE), no ano de 2002, em época de festejos de São João, onde a bebida é fartamente servida. O aluá original nordestino costuma ser preparado com cascas de abacaxi, milho, pão ou farinha de arroz, açúcar e sumo de limão. Já o meu – e daqui a pouco, seu – é feito à base de tamarindo verde. Nos mercados, é fácil também encontrar a polpa da fruta já amassada, vendida em blocos.

Seja nas viagens acompanhando a unidade móvel do Senac, seja nos passeios com familiares ou amigos por outras cidades, meu hobby primordial é procurar, vasculhar, perguntar. Diante de uma sala de aula cheia, sondo com os alunos se eles têm alguma fruta ou outro ingrediente que já ouviram falar que é alimento, mas que não utilizam ou não sabem como usar. Procuro também conversar com pessoas de mais idade, que já morem na região há muito tempo e que possam me contar um pouco sobre o alimento. Cada informação é valiosa de algum modo.

À disposição, nós temos muita jaca, temos muito cajá, temos muita goiaba... e tanto deixa de ser feito com elas! Ninguém te oferece nada com esses sabores. Nos hotéis, restaurantes, pousadas, eventos, que geleia eles te oferecem? De morango. Já te ofereceram uma geleia de manga, caju ou melancia? Provavelmente não. É isto que eu estou tentando reverter, o que pretendo – modestamente – mudar. Quero agregar conhecimentos da cultura alimentar nordestina e, ao mesmo tempo, valorizar nossos ingredientes regionais.

Receitas não são imutáveis; permita-se

Acontece e é engraçado como a pouca intimidade na lida com os alimentos torna inseguro o cozinheiro de primeira viagem. Percebo isso muito nas aulas que ministro, principalmente para os que estão começando. Lápis e caderno em mão, aula em prática e mudo uma vírgula do que rege a receita. É o suficiente para gerar pânico. Exageros à parte, sempre me questionam:

– "O que houve, professora? Por que mudou? O sal não era antes da cebola?"

Uma sequência de porquês se segue a cada passo diferente dado na condução de uma receita. Para enveredarmos pela Gastronomia, temos de nos libertar das amarras. Costumo dizer que a ordem dos fatores, na maioria das vezes, não altera o resultado. E que, na arte de cozinhar, tudo pode – contanto que não seja em exagero. A ideia é que um sabor não se sobressaia a ponto de anular o outro. Se o arroz for acompanhar um prato principal muito incrementado, com muitos temperos, por exemplo, é melhor dar preferência ao arroz branco.

Durante a degustação, é preciso sentir todos os sabores e misturá-los na medida certa, para que em um mesmo prato eu consiga senti-los e apreciá-los. Perceber que produtos contém aquela receita – tanto as salgadas quanto as doces. O que mais me apaixona na cozinha é a criatividade, a ousadia. Em qualquer profissão, penso que a ousadia fascina. Proponho-me a isso, a buscar o desconhecido. Ah... e nada mais prazeroso também do que a gente fazer e agradar. Tanto quanto saborear um prato bem-feito, é delicioso saber que uma receita preparada por você satisfaz o paladar dos outros. Até porque, na maioria das vezes, não cozinhamos apenas para nós mesmos.

A insistência no belo

Sejam com as frutas das receitas deste capítulo, com o apurado das árvores dos quintais, dos ingredientes dos mercados, do que se buscou em nossas serras e litorais, insisto: é importante sempre aliar qualidade, sabor e beleza ao que se prepara como alimento. Aproveite para testar porções pequenas e harmoniosas também. Todo mundo pode cozinhar muito bem sem que cozinhar seja necessariamente sua profissão. Há os "cozinheiros de fim de semana" e que se realizam muito bem só assim – têm outras profissões e buscam na Gastronomia uma forma de desestressar. Vejo-a, pessoalmente, como uma arte, uma terapia para esquecer os problemas da semana. Adoro pescar, por exemplo! Se estiver com qualquer problema, vou pescar – acredite. E cozinhar pode ser como pescar, pintar, ir ao cinema. Pode ser lazer.

Voltando à culinária como arte, eu a associo até, sem exageros, à engenharia e à arquitetura. Além da apresentação dos pratos propriamente dita, os tipos e tamanhos de cortes dos alimentos influenciam no seu visual. E, às vezes, até no sabor. Seu prato pode até estar gostoso, mas se você olhar para ele e não o achar bonito, pode não dar vontade de comer.

Por todas estas páginas, caberão receitas pensadas com carinho e que, aos poucos, estão sendo apresentadas a você. Entre as frutas, vou ficar lhe devendo: o abricó, de sabor agradável como o pêssego e que pouca gente sabe como usá-lo; e a carambola, com a qual preparo deliciosos sorvetes e molhos. Quem sabe nos esbarramos por aí e cozinhamos juntos ou você lerá, no futuro, mais receitas de Nilza?

Melancia

Geleia de melancia com pimenta

O que leva?
2 kg de melancia (apenas a parte vermelha – polpa)
700 g de açúcar cristal
2 pimentas-dedo-de-moça (sem as sementes)

Como preparar?
Utilizando um liquidificador, bata a polpa da melancia com a pimenta e leve a mistura ao fogo juntamente com açúcar e mexa até dar o ponto de geleia. O resultado? Uma geleia de cor linda – bem vermelha – e muito saborosa.

Dica!

Das três receitas, esta é a única que usa a própria polpa (parte vermelha) da melancia.

Sopa de melancia

O que leva?

500 g da casca da melancia (apenas a parte branca, interna!) para dar cremosidade à receita
200 g (1 caixinha) de creme de leite
3 dentes de alho
1 colher de sopa de manteiga
½ (meia) cebola média ralada
Cheiro-verde ou salsinha a gosto

Como preparar?

Com a parte grossa do ralo, rale a parte interna (branca) da casca da melancia até atingir aproximadamente meio quilo. Refogue o alho e a cebola na manteiga e, em seguida, acrescente a melancia ralada à frigideira. Deixe os sabores se misturando por 5 minutos. Despeje 200 ml de água (1 copo ou xícara), deixe a mistura ferver e, em seguida, coloque o creme de leite e acerte o sal. Sua sopa está prontíssima e sugiro que seja servida com torradas.

Doce de coco com melancia

O que leva?

500 g da casca da melancia (apenas a parte branca, interna!)
200 g de coco ralado
600 g de açúcar cristal
Cravo e canela em casca (ambos a gosto)

Como preparar?

Com a parte grossa do ralo, rale a parte interna (branca) da casca da melancia até atingir aproximadamente meio quilo. Reserve. Leve o açúcar ao fogo junto com meia xícara de água e deixe-o caramelizar. Depois, acrescente mais uma xícara de água já morna. Junte na mesma panela do açúcar: o coco, o cravo, a canela e a melancia ralada que estava reservada. Deixe a mistura reduzir ao ponto de geleia – mexendo de vez em quando.

Dicas!

Outra maneira prática de aproveitar a melancia é bater a polpa no liquidificador formando um purê. Este purê pode ser colocado em fôrmas de gelo, levado ao congelador e, posteriormente, usado para decorar e aromatizar bebidas para adultos e crianças, incluindo água mineral gasosa e sodas.

O purê também pode ser cozido em fogo médio, adicionando-se uma xícara de açúcar para cada quatro xícaras de purê. Cozinhe até que o volume seja reduzido à metade e se forme um xarope. Depois de resfriado, esse xarope pode ser usado como cobertura de sorvetes e bolos. Pode ser mantido em geladeira por até três dias.

Fonte: Unidades Descentralizadas da Empresa Brasileira de Pesquisa Agropecuária (Embrapa): Embrapa Hortaliças (www.embrapa.br/hortalicas)

Goiaba

Musse de goiaba com calda de chocolate meio amargo

Não é muito costumeiro se usar goiaba com chocolate. Por isso minha opção pelo chocolate meio amargo, que vai quebrar um pouco o doce da goiaba.

O que leva a musse?
500 g da polpa da goiaba natural (não utilize polpa industrializada)
1 lata de leite condensado
1 lata de creme de leite
12 g de gelatina em pó sem sabor
50 ml de água

O que leva a cobertura?
200 g de chocolate em barra meio amargo picado
200 g de creme de leite (1 caixinha)

Como preparar?
Descasque as goiabas e parta-as ao meio. Retire as sementes. Coloque a polpa da fruta no liquidificador, junto com o creme de leite e o leite condensado. Paralelamente, hidrate a gelatina em 50 ml de água morna e junte aos ingredientes que já estão no liquidificador. Depois de processada a mistura, coloque tudo em um recipiente onde a musse vai se firmar. Reserve. Leve ao fogo baixo o chocolate picado com a caixa de creme de leite. Mexa-os até derreter totalmente o chocolate. Deixe esfriar e coloque sobre a musse. Leve à geladeira e pronto!

Molho com goiaba para pratos salgados

Dica!

Esse molho pode ser usado em uma macarronada, no bife à parmegiana, na lasanha, no bife ou no que mais lhe vier à cabeça. Nos pratos em que se empregaria o molho de tomate, você pode fazer esse teste com o molho de goiaba como substituto. Esse foi o único prato em que eu misturei goiaba com sal e, ao meu entender, deu certo.

O que leva?
1 kg de goiabas bem maduras
1 litro de água
5 dentes de alho
1 cebola pequena
3 colheres de sopa de azeite
2 colheres de sopa de açúcar cristal
Sal a gosto

Como preparar?
Em 1 litro de água, cozinhe a goiaba com casca em pedaços grandes. Depois de cozida, processe tudo no liquidificador e peneire. Reserve. Feito isso, refogue o alho picado com o azeite. Acrescente a cebola picada e deixe refogar por mais 5 minutos. Em seguida, pegue a goiaba processada e peneirada e jogue a mistura na panela com a cebola e o alho. Ferva bem e depois aromatize – isso pode ser feito com alecrim, sálvia, orégano ou outra(s) erva(s) de sua preferência.

Tamarindo/Tamarino

Aluá com tamarindo

O que leva?
500 g da polpa do tamarindo
2 litros de água
100 g de gengibre
20 g de erva-doce
1 colher de sopa de cravo
Açúcar mascavo a gosto

Como preparar?
Processe todos os ingredientes no liquidificador, coe o líquido e ponha-o para gelar. Simples assim!

Dica!

Esse é um refresco para se beber bem geladinho.

Risoto com lagosta, camarão e tamarindo

O que leva?

300 ml de suco de tamarindo verde
1 kg de camarões grandes e limpos
Carne de 6 caudas de lagosta
1 kg de arroz arbóreo (próprio para risoto)
1 cebola média ralada
6 dentes de alho picados
2 colheres de sopa de manteiga
2 colheres de sopa de azeite
200 ml de vinho branco (1 copo)
1 copo de requeijão

Como preparar?

Refogue o alho no azeite e na manteiga e, em seguida, adicione a cebola. Nessa mistura, refogue o camarão e a lagosta por 5 minutos. Retire o camarão e a lagosta do refogado. Nesse mesmo refogado, coloque o arroz arbóreo para cozinhar. Na mesma panela, ponha o suco de tamarindo, o vinho branco e água suficiente para cozinhar o arroz. É necessário ficar mexendo o tempo todo, até o arroz ficar ao dente. Retorne os camarões e a lagosta à panela, finalizando com o sal. Acrescente o requeijão e mexa por mais 2 minutos. Desligue o fogo antes que seque o arroz. Risoto pronto!

Dica!

Nesta receita, é muito importante atentar para o ponto de cremosidade do prato. De forma alguma o arroz deve secar. Depois de servidas as porções, sugiro uma finalização com salsinha a gosto. Utilize-a para enfeitar o prato da forma que quiser, dando um charme a mais ao que já está saboroso.

1 motivo a mais para saborear o tamarindo

O tamarindo possui o mais elevado teor de proteínas, glicídios e elementos minerais, em relação aos outros frutos. Ele é rico em pectinas e em açúcares redutores. Já a semente dessa fruta é uma potencial fonte de proteínas. A matéria seca das sementes é rica em elementos minerais, sendo os principais o potássio e o cálcio.

FONTE: "A cultura do tamarindeiro" – Núcleo de Estudo em Fruticultura no Cerrado/ Instituto de Ciências Agrárias/ Universidade Federal de Uberlândia: Disponível em: http://www.fruticultura.iciag.ufu.br/tamarindo.htm

Caju

Bife com fibra de caju

O que leva?
500 g de fibra de caju
1 cebola ralada
1 pacote de creme de cebola
100 g de farinha de trigo
1 ovo inteiro
Óleo, azeite ou manteiga a gosto
Sal a gosto

Como preparar?
Tempere a fibra de caju com a cebola ralada. Junte ovo e farinha de rosca. Molde os bifes de fôrma redonda e frite-os na manteiga, azeite ou óleo. Caso deseje fazer a receita à milanesa, passe primeiro os bifes de fibra de caju pela farinha de trigo, depois no ovo e, por último, na farinha de rosca. Em seguida, frite-os em óleo.

Salada cremosa com feijão-verde e caju

O que leva?
400 g de fibra de caju
500 g de feijão-verde
100 g de queijo muçarela ralado
1 cebola picada
4 dentes de alho
1 folha de louro
10 copos de requeijão
1 lata de creme de leite
3 colheres de sopa de azeite
Sal a gosto

Como preparar?
Cozinhe o feijão com a folha de louro. O caldo tem de ficar bem reduzido – ou quase nada. Refogue a cebola e o alho no azeite. Acrescente a fibra de caju e refogue muito bem. Junte a essa mistura o feijão já cozido, o creme de leite, o requeijão e o queijo muçarela ralado. Acerte o sal e coloque a mistura em um recipiente refratário (cerâmica ou barro são ótimas opções). Leve ao forno para gratinar. Fica uma delícia!

Salada de alface com caju e tofu

O que leva a salada?
5 unidades de caju maduro e tenro
150 g de queijo tofu cortado em cubos
1 pé de alface americana
1 pé de alface roxa
1 pé de alface lisa

O que leva o molho?
1 pote de iogurte natural
1 colher de sopa de mel
1 colher de sopa de mostarda
Sal a gosto

Como montar seu prato?
Corte o caju em cubos e rasgue as folhas de alfaces em pedaços. Coloque-as em uma saladeira e, sobre elas, coloque os cubos de caju e os de queijo tofu. Misture todos os ingredientes com o molho e bom apetite!

Salada de caju e soja

O que leva?
4 cajus maduros cortados em cubos
300 g de soja cozida
1 cebola picada
2 tomates maduros picados
3 dentes de alho
2 xícaras de farinha de milho
3 ovos cozidos e ralados
4 colheres sopa de azeite
1 maço de cheiro-verde picado
Sal a gosto

Dica!

Se sentir a salada seca, coloque um pouco do caldo em que foi cozida a soja para umedecer um pouco a mistura.

Como preparar?
Cozinhe a soja e refogue a cebola com o alho e o azeite. Junte a soja aos cubos de caju, aos tomates picados, à farinha de milho e ao cheiro-verde. Por último, acrescente os ovos cozidos e acerte o sal.

Musse com suco de caju

O que leva?
1 copo de suco de caju
1 lata de creme de leite
1 lata de leite condensado
300 ml de chantili batido
½ (meia) xícara de suco de limão

Como preparar?
Bata no liquidificador o creme de leite, o leite condensado e o suco de limão. À parte, bata o chantili e, lentamente, incorpore ao creme formado no liquidificador.

Dica!

Sirva a musse em taças individuais ou em um recipiente grande e decore-a com raspas de limão. Fica um charme!

Salada de caju com feijão fradinho

O que leva?
400 g de fibra de caju
500 g de feijão fradinho
1 cebola roxa picada
3 tomates sem sementes e cortados em cubos
1 pimentão verde picado
1 maço de cheiro-verde picado
200 g de cenoura em cubos e cozida
200 g de vagem cortada bem fina e cozida
4 colheres de sopa de azeite
12 ovos de codorna
Sal a gosto

Como preparar?
Cozinhe o feijão e escorra-o em seguida. Refogue a cebola e o alho no azeite. No refogado, ponha a fibra de caju e deixe-a lá por 10 minutos. Acrescente o feijão e todos os demais ingredientes. Regue com mais um pouco de azeite e está pronta sua salada.

Fritada com fibra de caju

O que leva?
500 g de fibra de caju
3 dentes de alho picados
1 cebola picada
1 lata de milho-verde
5 ovos batidos em neve
4 colheres sopa de azeite
3 colheres de sopa de farinha de mandioca
1 cubo de caldo de carne ou de galinha (sabor de sua preferência)
1 maço de cheiro-verde

Como preparar?
Refogue a cebola e o alho no azeite. Adicione o cubo de caldo para dissolver e junte a fibra de caju. Deixe refogando a mistura por 10 minutos. Acrescente o milho e o cheiro-verde. Deixe esfriar e reserve. Bata os ovos em neve e misture, lentamente, com a farinha de mandioca. Unte uma fôrma refratária e polvilhe-a com farinha de trigo. Coloque um pouco dos ovos batidos no refogado de caju e cubra com o restante dos ovos. Polvilhe a mistura com queijo ralado. Leve-a ao forno preaquecido e deixe-a lá por cerca de 10 minutos.

Almôndegas de caju

O que leva?
500 g de fibra de caju
100 g de farinha de trigo
1 cebola ralada
1 pacote de creme de cebola
1 ovo inteiro
1 maço de cheiro-verde picado
Sal a gosto

Como preparar?
Tempere a fibra de caju com a cebola ralada, o creme de cebola e o cheiro-verde. Por último, acrescente a farinha de trigo. Utilizando as mãos, misture os ingredientes montando bolinhas. E seguida, frite-as ou coloque-as no molho de tomate.

Dica!

Quer preparar um rápido molho de tomate caseiro? A receita é misturar: 500 g de molho de tomate; 3 dentes de alho picados; 3 colheres de sopa de azeite; 1 copo de água; orégano ou manjericão e sal a gosto.

Como preparar?

Refogue o alho no azeite e acrescente a cebola picada. Acrescente o molho de tomate, a água, acerte o sal e deixe ferver bem. Por último, adicione o manjericão ou orégano.

Cajá

Bolo amanteigado com suco de cajá

O que leva?
300 ml de suco de cajá
5 ovos inteiros
4 xícaras de farinha de trigo com fermento
250 g de manteiga
1 pitada de sal

Como preparar?
Bata os ovos com a manteiga e o açúcar por 12 minutos. Depois, junte a farinha de trigo, alternando-a com o suco de cajá. Préaqueça o forno por 15 minutos, a 180°C. Unte e polvilhe uma forma e distribua a massa do bolo por ela. Asse-o por 35 minutos, aproximadamente .

Musse de suco de cajá

O que leva?

500 ml de suco de cajá
400 g de creme de leite
500 g de leite condensado
12 g de gelatina em pó
50 ml de água

Como preparar?

Dissolva a gelatina na água. No liquidificador, processe essa gelatina junto com o suco de cajá, o creme de leite e o leite condensado. Feita a mistura, despeje-a num recipiente único, maior, e leve-o à geladeira. Se preferir, você pode também distribuir a mistura por várias tacinhas menores e levá-las à geladeira, para servir em porções individuais.

Dicas!

Para esta receita e outras que necessitam da pectina para dar a liga, utilizamos o maracujá. Nesta receita, os 2 kg dessa fruta vão dar origem a 500 g de pectina.

Não utilize a polpa do maracujá nesta receita. Mas não a despreze. Lembre-se que desperdiçar alimentos está proibido por aqui... Que tal preparar um suquinho de maracujá fresco e saboreá-lo enquanto termina sua receita de geleia?

Geleia com alecrim

O que leva?

1 litro de suco de cajá
2 kg de maracujá
1 maço de alecrim
600 g de açúcar

Como preparar a pectina do maracujá?

Retire a polpa do maracujá e cozinhe apenas sua casca. Quando ela estiver cozida, retire toda a polpa branca, processe-a no liquidificador com a mesma água em que foi cozida – está feita a pectina. Para juntá-la à receita de geleia, misture os 500 gramas da pectina do maracujá ao suco de cajá e o açúcar. Leve a mistura ao fogo até dar o ponto de geleia. Em seguida, pegue uma tesoura e corte o alecrim em pedaços bem miudinhos, acrescentando-os à geleia. Deixe-a ferver por mais 5 minutos e está feita!

Geleia de cajá

O que leva?

500 ml de suco de cajá
400 g de açúcar
10 g de pectina

Como peprarar?

Misture o açúcar com a pectina, junte o açúcar e leve ao fogo, até que fique com uma consistência cremosa de gelatina. Retire do fogo coloque em recipiente e deixe esfriar.

Frango ao molho de cajá

O que leva?
1 xícara de suco de cajá
1 kg de peito de frango cortado em cubos
200 g de queijo muçarela
4 dentes de alho
1 lata de creme de leite (395 g)
1 copo de requeijão (200 g)
1 colher de sopa de açúcar
50 ml de azeite
Sal a gosto

Como preparar?
Doure o alho no azeite e, em seguida, acrescente à frigideira o frango já em cubos. Refogue-o bem. Quando os cubos estiverem bem refogados, acrescente o suco de cajá. Com o fogo ainda ligado, vá acrescentando creme de leite, requeijão e muçarela. Para equilibrar e exaltar os sabores, adicione uma colher de açúcar (ele também quebra a acidez do cajá). Vá mexendo e, quando sentir que a mistura está no ponto, desligue o fogo.

Dica!

Este prato pode ser acompanhado muito bem por arroz, purê, bata palha ou salada verde.

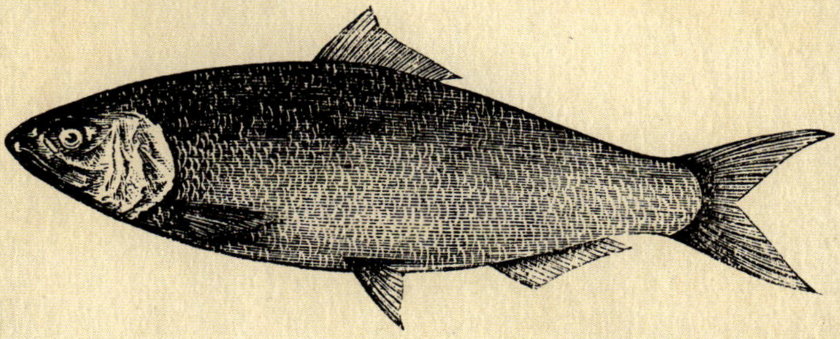

Mares, rios, areias e sabores

"Gostar de comer é fundamental para se falar de comida".

Raul Lody,
no livro "Brasil Bom de Boca – temas da antropologia da alimentação".
Editora Senac São Paulo, de 2008)

Lody acertou. Museólogo e antropólogo, ele faz as vezes de guardião da memória quando escreve sobre os ritos e a tradição da cozinha. E, como eu – e provavelmente os que me leem agora – gosta de comer e de falar de comida. Minha pretensão, ao longo deste guia, é incitar a ousadia na cozinha, estimular os sentidos todos e despertar em cada um de vocês a curiosidade por sabores esquecidos – ou perdidos no tempo ou distantes pela pressa sob a qual os dias modernos nos obrigam a viver. E outra aspiração é também aproveitar cada pedacinho do alimento, como quem agradece à natureza pedindo-lhe que se mantenha para sempre farta.

Por aqui, seguimos agora pela fartura que nos proporcionam as águas. As doces e as salgadas. E as faixas de terra que as protegem. Essas paisagens podem nos oferecer um sem-número de delícias, mas optamos aqui por 18 receitas que se iniciam com as histórias do Capitão – como ficou conhecido o senhor reformado da Marinha que conheci no 1º Festival da Lagosta em Icapuí, no ano de 2006. A cidade cearense tem lindas praias e se avizinha ao estado do Rio Grande do Norte.

Pois bem. Naquele festival, fui com a unidade móvel do Senac ministrar oficinas de gastronomia. Foi tão produtivo por ali, que decidimos ampliar a estada e esticar no pós-festival. Antes, devo abrir parênteses para lembrar que meu tratamento com alunos em sala costuma ser informal. Eles precisam estar à vontade para ter a liberdade de perguntar e ser espontâneos. Pessoas retraídas não produzem muito. Quando o assunto é cozinhar, não dá para ser opressor – senão, em vez de se dar prazer, se intimida. Cozinha combina com sorriso e diversão. E, dessas perguntas, podem surgir novas formas de se aproveitar a natureza como alimento. Foi o que aconteceu com o prestativo Capitão.

– Professora, aqui em Icapuí tem tanto taiobá... Não dá para fazermos pratos com eles durante as aulas?
– O que é taiobá?
– É um bichinho que tem no mar.

Nunca havia ouvido falar naquela palavra. Fui atrás de me informar. Na verdade, o nome é "taioba", uma espécie de marisco. É um bichinho pequenino que se protege do mundo lá fora dentro de uma pequenina concha. É um marisco. Por lá, os marisqueiros também os chamam de "búzios". Há quem os compare à ostra e ao mexilhão, na categoria dos alimentos considerados afrodisíacos. Ao deparar com algumas receitas, não confunda, no entanto, o marisco com a hortaliça homônima. Existe a taioba "planta", em formato de uma folha verde, bem grande e comestível. Em Icapuí, a taioba "marisco" é bem fácil de ser comprada. De maneira geral, é adquirida já cozida, porque só se abre com o processo de cozimento.

Nas aulas com o Capitão, conseguimos fazer de tudo com a taioba: pão, quiche, molho branco... e não teve jeito mais de a chamar "taioba". Ficou "taiobá" mesmo. Pelo menos, durante aqueles ótimos dias no litoral de Icapuí. Se você não sabia o que é a taioba, daqui sairá com quatro interessantes receitas.

Vão bem no sabonete, vão bem no estômago

Os festivais de iguarias que ocorrem nas regiões litorâneas brasileiras são fontes inestimáveis para quem faz das panelas seus brinquedos preferidos, no melhor dos sentidos. No Ceará, outro evento desse tipo me aproximou das algas marinhas e já me estimulou a inventar diversas receitas (aqui, também lhe apresento quatro delas): 1ª edição do Festival das Algas, em Flecheiras. A 148 quilômetros de Fortaleza, a praia localiza-se numa enseada, entre dunas brancas e coqueirais.

Lá, fui convidada a produzir algo utilizando algas marinhas. Mas eu não entendia nada do processo! Então, fiz assim: hidratei a alga e levei-a ao fogo, cozinhando-a com o suco da acerola. Deixei que ela soltasse todo o seu agár-agár, tornando-a gelatinosa. Depois, acrescentei uma lata de leite condensado e outra de creme de leite, processei tudo no liquidificador e a mistura virou uma espécie de gelatina. Para finalizar, cozinhei a acerola só com o líquido dela, fazendo um espelho. Todo o suco da fruta ficou gelatinoso e coloquei sobre esse creme. Foi a primeira experiência que tive com algas marinhas e deu muito certo!

Agár-agár

O agár-agár é normalmente vendido sob a forma de pó ou como tiras de algas secas. Tem um aspecto esbranquiçado e semi-translúcido, muito utilizado para a fabricação de gelatina. Esta propriedade é usada na indústria e na culinária; na medicina e na investigação laboratorial.

Algas também rendem ótimas cocadas. Mais adiante você irá aprender. É fácil. Nas grandes cidades, difícil é encontrá-las. Normalmente, não acho nem em casas especializadas em produtos naturais. Em Icapuí, Guajiru e Flecheiras, você pode procurar diretamente nos centros de artesãos. Compre-as já secas e desidratadas. São vendidas no quilo. Há vários tipos de algas comestíveis. Nas receitas deste capítulo, sugiro a do tipo *gracilária*, uma alga vermelha popularmente conhecida como "macarrão", abundante no litoral do Ceará e utilizada tanto em produtos de beleza como na alimentação. A coleta desse tipo de alga pode ser realizada de forma espontânea na natureza, mas podem ser realizados cultivos em cordas, tanques e viveiros.

Ainda no Guajiru, nasce uma frutinha que também dá nome a essa bela praia. Vem de uma planta rasteira – os fortes ventos não permitem que ela cresça muito. Foi lá que fiz minha primeira receita com o Guajiru: a mesma geleia que descrevo mais adiante. Também já avistei muito essa fruta na praia do Barro Preto e até na Praia do Futuro, em Fortaleza.

Sobre os mares e rios e os carinhos no paladar

Antes de "invadirmos" um pouco mais os sabores dos rios e mares, outra dica que julgo valiosa: temos de acertar a junção de sabores com a qualidade. O que isso quer dizer? Às vezes, você mistura orégano, manjerona, tomilho, manjericão – sabores que se assemelham entre si. E dá certo. Outros sabores não combinam exatamente, mas podem ser unidos em pequenas proporções que só o paladar vai confirmar se aquilo, depois de pronto, deu ou não certo. Há pessoas que podem não saber preparar um prato, mas entendem de qualidade e de sabor. Há pessoas que degustam uma receita e sabem diferenciar tudo o que há naquele alimento. É uma grande vantagem. Quem ainda não possui esses predicados pode ir, aos poucos, testando e reeducando seu paladar, com o cuidado de nunca o maltratar. Nesse caminho, você pode fazer sugestões de mudanças nas receitas e aprender quando usá-las.

Muitas receitas estavam escritas apenas na memória e agora tenho o prazer de passá-las adiante em papel. Eu tinha o ingrediente, via o produto e ia fazendo a junção com outros ingredientes até que viessem à luz várias receitas. Assim foi com a sardinha, um peixe não tão apreciado, mas que pode ser aproveitado das mais diferentes formas – aqui, apresento-lhe três delas. Também de águas salgadas, o sirigado aparece em três modos de preparo; e, das águas doces de rios e açudes, o tambaqui e a tilápia viram delícias que sugiro você aprender.

Gostar de comer bem é um passo. Gostar de fazer a comida, outro. O aprendizado é um processo contínuo no mundo mágico dos sabores. Raul Lody, o antropólogo do começo do texto, é um daqueles que eternizaram esses perfumes e sabores em livros. Esta minha primeira obra também é uma tentativa de perenizar minhas peripécias acertadas pelas panelas. E é toda dedicada aos que gostam de comida – e de falar dela.

Taioba

Mal-assada de taioba

O baiano e saudoso escritor Jorge Amado não tinha bom gosto só para brincar com as palavras. Alguns de seus melhores amigos asseguram: enxergava na mal-assada seu prato favorito. No Nordeste, especialmente, malassada tem cara, gosto e cheiro de cozinha de avó. A minha, por exemplo, utilizava fogões à lenha para preparar mal-assadas deliciosas. Ela colocava tudo em frigideiras grandes de alumínio, em uma época em que muita gente ainda tinha fogareiro de carvão em casa. Hoje, fazemos algo parecido, que chamamos de "fritada". A execução é a mesma, mas a maneira de fazer, não – leva-se para o forno em recipientes diferentes. Naquela época, a gente usava farinha de mesa mesmo. Atualmente, usa-se farinha de trigo ou maisena. Quer saber? Antes a malassada de outrora do que a fritada dos tempos atuais. Aqui, vamos fazer uma fritada lembrando as mal-assadas de antigamente. Se vivo fosse, penso que Jorge apreciaria...

Mal-assada

(pronuncia-se "malassada", em vez de "mal-assada")
João Ubaldo Ribeiro conviveu por 40 anos com Jorge Amado e diz que este era o prato favorito dele.

O que leva?
200 g de taioba
6 ovos de galinha caipira
3 colheres de sopa de óleo
5 dentes de alho picados
1 cebola pequena ralada
4 colheres de farinha de mesa fina
Pimenta-do-reino moída na hora, cheiro-verde, cebolinha e sal (tudo a gosto)
Margarina suficiente para untar a fôrma

Como preparar?
Refogue o alho com o óleo, a cebola e a taioba. Junte o cheiro-verde à cebolinha picada. Bata os ovos em neve e acrescente a eles sal a gosto. Adicione a farinha de mesa, delicadamente, para não baixar o volume dos ovos batidos – se a mistura for mexida com muita força, ela baixa de volume. Unte um refratário, coloque a metade dos ovos batidos e o recheio. Por cima, coloque o restante da massa. Leve ao forno preaquecido a 180°C por 20 minutos. E está feita sua mal-assada "modernizada". A textura fica bem fofinha.

Nilza, posso substituir os ovos pelos de galinha de granja?

Fica ao critério de quem for cozinhar. Mas, em minha opinião, ovos de galinha caipira alteram as receitas para melhor, na cor e no sabor.

Dicas!

De preferência, sirva essa delícia como entrada ou com uma salada. Ou até mesmo como um tira-gosto.

Você pode servi-la em ramequins – tigelinhas de louça caneladas. São pequenas porções que dão um charme à receita.

Pão com taioba

Nilza, por que a massa demora tanto a soltar-se da minha mão?

Há pessoas que têm a temperatura das mãos mais alta, deixando-as, consequentemente, mais quentes. Por isso, a massa demora um pouco mais a se desprender. Mas é apenas uma questão de paciência. Vá amassando até que a massa fique elástica e macia.

Apesar de muita gente não fazer ideia de como se prepara um pão, muito menos à base de taioba, a receita a seguir é bem fácil e prática!

O que leva?
300 g de taioba
400 ml de leite
12 g de fermento biológico para pão
2 ovos
2 colheres de sopa de açúcar cristal
2 colheres de sopa de azeite
Sal a gosto

Como preparar a massa do pão?
Junte o leite, açúcar e o fermento, dissolvendo-os bem. Acrescente os ovos, o azeite e o sal. Misture-os bem. Em seguida, adicione a taioba e a farinha de trigo e vá amassando a mistura com as mãos até que a massa se desprenda totalmente de seus dedos. A massa deve descansar por 40 minutos em um lugar quente longe de correntes de ar (pão não gosta de vento!). Passados os 40 minutos, coloque essa massa sobre uma bancada limpa, untada com um pouquinho de óleo. Abra-a do tamanho que desejar, fazendo um retângulo. Se houver à disposição uma fôrma própria para pão, "emoldure" a massa no mesmo comprimento da fôrma (não se esquecendo de, antes, untar e polvilhar o recipiente). Enrole a massa do pão como se fosse um rocambole e ponha a emenda virada para o fundo da fôrma. Aguarde-a dobrar de volume. Preaqueça o forno a 180ºC e depois asse a massa durante 15 a 20 minutos.

Quiche com taioba

O que leva?
300 g de taioba limpa
5 ovos
1 cebola pequena
3 dentes de alho
3 colheres de óleo
200 g de margarina ou manteiga
200 g de creme de leite
200 ml de leite (1 copo)
250 g de queijo muçarela ralado
Sal, pimenta-do-reino, coentro, cebolinha e orégano (tudo a gosto)

Como preparar a massa?
Junte em um mesmo recipiente: a margarina, a farinha de trigo, 2 ovos e sal a gosto. Faça uma massa bem uniforme, que não grude nas mãos. Reserve-a.

Como preparar o recheio?
Pique o alho e a cebola e refogue-os no óleo, junto com a taioba. Apague o fogo. Junte os 3 últimos ovos, acrescente leite, muçarela ralada, orégano e sal. Misture bem tudo, resultando em um composto bem cremoso. Reserve-o.

Como montar seu prato?
Para montar o quiche, você deve usar forminhas apropriadas para quiche (bordas crespas de fundo falso). Coloque uma porção da massa nas laterais e no fundo, forrando em volta e no fundo – não coloque muita massa para não ficar muito grossa. Depois de preencher todas as forminhas (rende cerca de 10), leve-as ao forno preaquecido a 180ºC por 10 minutos. Retire-as e acrescente a cada uma o recheio. Volte tudo para o forno por aproximadamente 15 a 20 minutos (até estar dourado em cima e nas bordas).

Nilza, que sabor isso tem?

O gosto desse quiche com taioba se assemelha ao do sururu (espécie de molusco marinho).

Dica!

Você pode fazer essa receita em forma grande para cortar em fatias ou ainda em formas individuais.

Taioba ao molho rosado

O que leva?

500 g de taioba
4 dentes de alho
300 g de queijo muçarela
400 ml de leite (2 copos)
50 ml de azeite
1 copo de requeijão
1 caixinha de creme de leite
2 colheres de sopa de farinha de trigo sem fermento
½ (meia) cebola média ralada
½ (meia) xícara de catchup
½ (meia) xícara de folhinhas de manjericão

Como preparar?

Pique o alho e refogue-o no azeite. Acrescente cebola. Junte a taioba e refogue tudo. Coloque o leite e a farinha de trigo, deixando engrossar a mistura, mexendo de vez em quando. Deixe-a ferver por 5 minutos. Adicione o creme de leite, o requeijão, o catchup, o manjericão e, por último, o queijo muçarela cortado em cubos. Deixe ferver um pouco mais e pronto!

Dica!

Atente para não deixar o queijo derreter totalmente. Minha sugestão é servir este prato com arroz e batata-palha.

Sardinha

Sardinha crocante na farinha de milho

O que leva?
10 filés de sardinha
500 g de fubá de milho
1 xícara de farinha de trigo
3 ovos
½ (meia) xícara de leite
Suco de 1 limão
Óleo para fritura
Sal e pimenta-do-reino (ambos a gosto)

Como preparar?
Tempere as sardinhas com sal, limão e pimenta-do-reino. Passe-as na farinha de trigo. Depois misture os ovos com o leite e passe as sardinhas em cima dessa mistura. Por último, passe as sardinhas no fubá de milho e frite-as.

Dica!

Sugestão para incrementar a receita: acrescente molho de tomate, fatias de queijo muçarela e gratine tudo no forno. De ambas as formas, a sardinha fica ótima se servida com baião de dois ou arroz branco com salada.

Sardinha à delícia

O que leva?

12 sardinhas
6 bananas-prata maduras
300 g de queijo muçarela
50 g de queijo parmesão ralado
1 litro de leite
1 lata de creme de leite
2 colheres de sopa de manteiga
4 dentes de alho
½ (meia) cebola ralada
4 colheres de sopa rasas de farinha de trigo sem fermento (para o preparo do molho branco)
1 xícara de farinha de trigo sem fermento (para a fritura)
1 pitada de noz moscada
Sal a gosto

Dica!

Para as frituras ficarem bem crocantes, dou preferência às gorduras vegetais – são vendidas em pacotes de 500 g, em barra. Sobre a receita, sugiro que seja servida com arroz, purê ou salada verde.

Como preparar as sardinhas?

Limpe as sardinhas – retire a cabeça e puxe a espinha dorsal até o rabo, desprezando estas duas partes. O peixe fica abertinho, como um filé. Feito isso em todas as sardinhas, coloque apenas sal a gosto e reserve por cerca de uma hora para pegar o gosto de sal. Em seguida, passe as sardinhas somente na farinha de trigo e frite-as. Reserve.

Como preparar o molho branco?

Pique o alho e coloque-o numa caçarola junto com a manteiga. Acenda o forno e aqueça a mistura, mas não deixe o alho dourar. Acrescente as colheres de farinha de trigo e misture bem. Coloque o leite e deixe ferver até que encorpe (fique grossinho). Junte a noz moscada e o creme de leite. Acerte o sal e reserve.

Como montar seu prato?

Coloque um pouco do molho branco em um recipiente refratário. Sobre ele, as sardinhas. Sobre elas, coloque as bananas cortadas ao meio no sentido do comprimento. Em cada sardinha, você vai colocar a metade de uma banana. Sobre cada banana, uma fatia de muçarela. Depois, cubra com o restante do molho, polvilhe com queijo parmesão e leve ao forno para gratinar – lembrando sempre que o forno deve estar preaquecido a 180ºC. Deixe gratinando por 15 minutos.

Caldeirada de forno com sardinha

O que leva?

10 sardinhas frescas ou congeladas
500 ml de leite de coco
5 tomates
2 pimentões verdes
1 cebola grande
1 maço de cebolinha
1 maço de coentro
Sal, pimenta-do-reino (moída na hora ou pronta) e azeite (tudo a gosto)

Como preparar?

Retire as vísceras da sardinha, lave bem o peixe e reserve. Corte os pimentões em rodelas finas e retire seus caroços. Do mesmo modo, corte os tomates e a cebola. Tempere a sardinha com sal e pimenta-do-reino.

Como montar seu prato?

Num recipiente refratário, faça uma camada com rodelas de pimentão, tomate e cebola. Por cima, distribua todas as sardinhas. Coloque nova camada de cebola, pimentão e tomate. Regue tudo com azeite. Em seguida, regue também com leite de coco. Feche com papel-alumínio e deixe em forno preaquecido por 40 minutos. Prato feito!

Dica!

Sugiro que aprecie essa delícia apenas com arroz branco.

SÃO PEDRO II

Sirigado

Estrogonofe com sirigado

Durante uma aula no Senac, no Centro de Fortaleza, nasceu o estrogonofe com sirigado. Era um curso de "Peixes e Frutos do Mar". Um dos alunos do curso era cozinheiro de um restaurante famoso em Fortaleza especializado em peixes. Em um bate-papo informal, ele comentou comigo que, onde trabalhava, só se costumava utilizar a parte central do filé do sirigado. Com o restante do peixe, ou faziam bolinhas ou o desprezavam. Nessa hora, atentei para mais um aproveitamento de sobras: daí nasceu o estrogonofe com o peixe. Eu queria que ele próprio sentisse que dava para fazer algo mais com o sirigado. O resultado? Ficou gostoso demais! Acabei repetindo esta receita várias vezes em casa. Esse aluno-cozinheiro ficou encantado com o prato que saiu. E você, leitor, vai ter o mesmo prazer ao preparar este prato.

Nilza, e se eu não gostar de conhaque?

Sem problema algum! Recorda-se sobre a história da liberdade criativa na cozinha? Nesta receita, além de funcionar como tempero, o papel da bebida alcoólica na comida é também flambar. Se preferir, use vodka, uísque ou mesmo cachaça. Mas é interessante que o líquido tenha um valor alcoólico alto, justamente para que se consiga flambar o alimento.

O que leva?

1 kg de filé de sirigado cortado em cubos
200 g de cogumelo ou champignon fatiados
1 lata de creme de leite
200 ml de conhaque
50 ml de azeite
5 dentes de alho picados
1 cebola pequena ralada
2 colheres de sopa de mostarda
2 colheres de sopa de catchup
Pimenta-do-reino moída e sal (ambos a gosto)

Como preparar?

Refogue o alho, sem deixar que ele doure. Acrescente a cebola e sele o peixe. Vá selando aos poucos para ele não criar muita água. Selado o peixe, coloque a bebida alcoólica dentro e flambe. É bom colocar numa frigideira baixa para flambar – isso significa colocar fogo dentro da panela. Feito isso, acrescente: catchup, mostarda e cogumelos. Ferva, coloque o creme de leite e acerte o sal.

Sirigado ao molho de mostarda

O que leva?

1 kg de filé de sirigado
200 gramas de creme de leite
200 gramas de queijo de parmesão ralado
Sal
Pimenta-do-reino a gosto
Azeite de oliva para fritar o peixe
3 colheres de sopa de mostarda
200 ml de leite
1 colher de sobremesa de farinha de trigo
1 colher de sopa de manteiga

Como preparar?

Divida o filé em quatro porções e tempere com sal e pimenta-do-reino. Sele os filés no azeite e reserve. Faça o molho de mostarda. Leve ao fogo a farinha de trigo e a manteiga. Misture bem e coloque o leite para ficar cremoso. Acerte o sal, coloque a mostarda e por ultimo o creme de leite. Coloque o peixe no refratário, ponha o molho, o queijo ralado e leve para gratinar. Sirva com arroz branco e batata palha.

Surpresa de sirigado

O que leva?

1 kg de filé de sirigado (cortados bem finos para que possam ser enrolados)
1 kg de farinha de rosca
400 g de farinha de trigo sem fermento
400 g de queijo muçarela (cortado em bastão da mesma largura do filé)
5 ovos
Suco de 2 limões
Pimenta-do-reino moída na hora e sal (ambos a gosto)

Como preparar?

Tempere os filés de peixe com sal, limão e pimenta-do-reino. Pegue um bastão do queijo, coloque-o na ponta do filé e vá enrolando para que ele fique bem no centro. Passe o filé na farinha de trigo. Repita a ação com todos os pedaços de filé. Misture bem os ovos e passe bem os filés enrolados nos ovos, depois na farinha de trigo para que faça uma capa bem uniforme até que pegue bem. Estarão formados os rolinhos. Frite-os até ficarem bem dourados.

Dica!

A surpresa de sirigado pode ser servida como entrada. Como prato principal, pode ser acompanhado com purê de batata, arroz e salada. E cai bem com uma cervejinha também! Outra opção é não passar os filés nem pelas farinhas nem pelo ovo: basta só os enrolar no queijo e jogar sobre eles, no fundo de um recipiente refratário, molho de tomate ou molho branco. Em seguida, colocar papel-alumínio e levar ao forno preaquecido por 20 minutos.

Nilza, esse prato não leva muito tempo para ser preparado?

É muito rápido! Fiz em um dia de domingo, daqueles cheios de preguiça. Não pensei que fosse ficar tão gostoso. É rápido, fácil e fica caprichado. O segredo desta receita são a praticidade e o encanto.

Filé de sirigado com molho de tomate e queijo cheddar

O que leva?

1 kg de filé de peixe sirigado cortado em postas
500 g de molho de tomate (pode ser feito na hora ou comprado já pronto)
300 g de queijo cheddar
1 colher de sopa de folha de manjericão picado
Suco de 1 limão
Manteiga suficiente para untar o recipiente para a receita
Sal e pimenta-do-reino moída na hora (ambos a gosto)

Como preparar?

Corte as postas de filé e tempere-as com pimenta-do-reino, limão e sal. Reserve. Pegue um refratário e unte-o bem com manteiga. Acrescente as postas no recipiente e salpique-as com parte das folhas de manjericão. Por cima do peixe, coloque também parte do queijo cheddar. Jogue o restante do molho de tomate sobre o filé e o restante do manjericão e do queijo. Cubra tudo com papel-alumínio e leve ao forno preaquecido para derreter. Deixe lá por 20 minutos.

Tambaqui

Em setembro de 2014, idealizei essa receita e coloquei-a imediatamente em prática. Durante uma aula no Senac, em Fortaleza, algumas alunas me questionaram sobre o que se fazia com restos de tambaquis e tilápias. São dois peixes deliciosos de água doce com muito a oferecer e pouco aproveitados na sua totalidade. No caso do tambaqui, um peixe com sabor bem forte, a costela é a parte mais apreciada. Muito consumido na região do Amazonas, o tambaqui não é tão conhecido no Ceará, (mas possui "costelas" deliciosas e suculentas!), onde costuma ser criado em grandes açudes e pode chegar a pesar 30 kg. Segue receita com o que costuma ser desperdiçado do tambaqui.

Ovas de tambaqui com catupiry

Dica!

Essa receita fica ótima se servida com arroz ou peixe cozido.

O que leva?

600 g de ovas de tambaqui
300 g de queijo catupiry
5 dentes de alho grandes
3 tomates
1 cebola roxa média
1 pimentão vermelho
1 pimentão amarelo
1 pimentão verde
1 unidade de alho-poró
1 maço de coentro e cebolinha
½ (meia) xícara de azeite
1 colher de sopa de páprica doce (para dar mais cor)
1 lata de creme de leite
Sal a gosto

Como preparar?

No azeite, refogue o alho picado. Acrescente a esta mistura: cebola roxa picada bem miudinha, assim como, no mesmo tipo de corte, pimentões e tomates; além do alho poró cortado em rodelas. Refogue bem tudo e coloque 400 ml de água (2 xícaras) para formar o molho. Deixe ferver por uns cinco minutos. Acrescente a ova do tambaqui, o catupiry e o sal. Deixe cozinhar entre 10 e 15 minutos. Ela é um bloco. Tem que se soltar toda a ova. Por último, acrescente o creme de leite, a páprica doce e o cheiro-verde para finalizar.

Tilápia

Filé de tilápia com mix de ervas finas

O que leva?
6 filés de tilápia fresca
20 g de orégano
20 g de alecrim
20 g de sálvia
20 g de estragão
50 ml de azeite de oliva
Suco de 2 limões
Sal e pimenta-do-reino moída na hora (ambos a gosto)

Como preparar?
Junte o suco do limão, o sal, a pimenta-do-reino e o azeite. Tempere os filés com essa mistura. Reserve por 30 minutos a 1 hora (se tiver tempo suficiente). Tirada a tilápia do molho, passe no mix de ervas. Frite os filés ou faça uma cama de cebola num refratário, regue com azeite e leve ao forno. Sirva com salada e arroz. Com purê de macaxeira fica muito bem. Ou até com salada de legumes.

Dica!

O ideal é fazer esta receita utilizando tilápia fresca. Prepare-a estando o mais fresca possível para que os temperos não se sobressaiam mais que o sabor do peixe em si – todas as ervas sugeridas aqui têm sabor forte. No caso do azeite indicado, ele pode ser extra virgem ou comum. A diferença de um para outro é que o primeiro é feito prensado, não leva quentura. Já o comum vai ao fogo – o óleo é retirado de outra maneira. O azeite extra virgem é, no entanto, mais indicado para saladas.

Rolê de filé de tilápia recheado com purê de macaxeira

O que leva?
1 kg de filé de tilápia fresca
1 kg de tomate bem maduro
500 g de macaxeira cozida
3 dentes de alho
1 cebola
1 pimentão
1 folha de louro
Suco de 2 limões
Cheiro-verde, cebolinha, coentro, orégano e pimenta-do-reino (tudo a gosto)

Como preparar o molho?
Pique o alho e refogue-o na manteiga. Corte os tomates, a cebola e o pimentão em pedaços pequenos. Coloque tudo o que está picado dentro do refogado de alho e manteiga, incluindo a folha de louro e o orégano. Deixe cozinhar bem os tomates, fazendo o molho.

Como montar seu prato?
Tempere os filés de tilápia com limão, sal e pimenta-do-reino. Reserve. Faça o purê de macaxeira cozinhando-a, espremendo-a e colocando sal. Deixe bem consistente. Recheie os filés com esse purê e os enrole, montando os "rolezinhos de peixe". Coloque-os em pé, um ao lado do outro, dentro da mesma panela do molho. Abafe a panela em temperatura média e deixe lá por 10 a 15 minutos. Depois, é só colocar o cheiro-verde sobre os rolezinhos. Pode servir até com massa.

Dica!

Outra possibilidade, levando-se em consideração este mesmo prato, é fazer este molho, colocá-lo em um recipiente refratário e, em seguida, colocar os rolezinhos, cobri-los com papel-alumínio e levar tudo ao forno.

Algas

Hidratando a alga

Antes de aprender as receitas a seguir, é fundamental que você aprenda a hidratar a alga. Separe a quantidade que você deseja para a receita – pelo menos 30 gramas de algas. Leve-as para uma tigela com bastante água e esprema 2 limões por cima. Solte o limão dentro da água também. Deixe as algas desta forma por, minimamente, 4 horas – caso haja tempo, o ideal mesmo é deixar a mistura reservada de um dia para o outro. Feito isso, as algas já estão prontas para ser usadas na salada, refogadas na manteiga ou adicionadas a um belo macarrão. Você pode, ainda, colocá-las dentro de um recipiente com molho shoyo ou aceto balsâmico (vinagre balsâmico), para que adquiram cor diferente. Gosto de fazer isso para colocar em saladas ou sobre a pizza.

Dica!

Não esqueça de que essa é uma cocada do tipo mole. Seja criativo para dar seu próprio toque! Você pode acrescentar, por exemplo, cravo ou canela em pau. Se não quiser usar água na receita, utilize suco de laranja ou água de coco. Ouse!

Cocada com algas

O que leva?

30 g de alga marinha gracilaria
200 g de coco ralado (fresco ou industrializado)
500 g de açúcar cristal
½ (meio) litro de água (para fazer a calda)

Como preparar?

Hidrate a alga e, em seguida, triture-a, deixando-a com a textura semelhante à de um coco ralado, bem miudinha. Leve o açúcar, a água e o coco ao fogo para fazer uma calda. Coloque a alga dentro da mesma panela, com a calda já feita. Deixe reduzir ao ponto de doce. Na panela, a alga começa a soltar o ágar-ágar

Dica!

Sugiro servir o molho em galheteiros.

Mix de folhas com alga marinha

O que leva?
10 g de alga gracilaria hidratada
1 xícara (200 ml) de vinagre balsâmico
Folhas de alface: crespa, americana e roxa; rúcula, agrião, tomate-cereja, azeite, vinagre, tudo a gosto.

Como preparar?
Coloque a alga hidratada dentro do aceto balsâmico por, no mínimo, uma hora. Reserve. Em um recipiente, monte a salada alternando as camadas de folhas – camada verde, camada roxa, camada de agrião etc. Tire a alga do aceto e coloque-a sobre as folhas. Finalize com mais alga e tomate cereja. O molho deve ser servido a gosto no prato.

Peixe recheado com alga e camarão

O que leva?

1 peixe pargo inteiro de 2 kg (de preferência, use um pargo grande, já aberto pela barriga e tratado)
10 g de alga gracilária hidratada
500 g de camarão médio limpo
1 maçã verde
1 cebola pequena
3 dentes de alho
50 g de manteiga
1 kg de batata-inglesa
1 limão
Sal, pimenta-do-reino e cheiro-verde (tudo a gosto)

Como preparar o peixe?

Tempere o peixe com pimenta-do-reino, sal e limão. Reserve. Comece a preparar o recheio, picando o alho e colocando-o em uma frigideira com metade da manteiga (25 g). Refogue o alho nessa manteiga, junte a cebola picada e os camarões. Dê uma boa mexida para misturar os sabores. Acrescente as algas nessa mistura, junto com a maçã. Acerte o sal. Se desejar, coloque também o cheiro-verde. Aguarde o recheio esfriar e, em seguida, distribua-o totalmente dentro do peixe. Reserve. Descasque as batatas, corte-as em rodelas não muito fininhas (médias) e faça um pré-cozimento (ao ponto de ficarem ao dente). Escorra essas batatas e reserve-as. Pegue o peixe já recheado e reservado e feche-o com palitos ou costure-o (pessoalmente, acho mais fácil costurar). Reserve-o novamente.

Como montar o prato?

Forre uma assadeira com papel-alumínio, coloque um pouco de azeite e distribua por cima as batatas (picadas ou em rodelas). Posicione o peixe com a emenda (costura ou palitos) do peixe sobre as batatas, em uma posição semelhante à do peixe nadando. A outra metade (25 g) da manteiga deve ser passada, nesse momento, sobre o peixe. As batatas vão servir de acompanhamento depois. Preaqueça o forno e deixe o peixe lá por 40 minutos. Após esse tempo, está pronto para ser degustado!

Dica!

Fiz essa receita pela primeira vez na praia da Taíba, a 60 quilômetros de Fortaleza. Para combinar com a beleza do ambiente, forrei essa receita em uma espécie de canoa feita com quenga de coco. Garanto: seu prato ganhará muito mais charme.

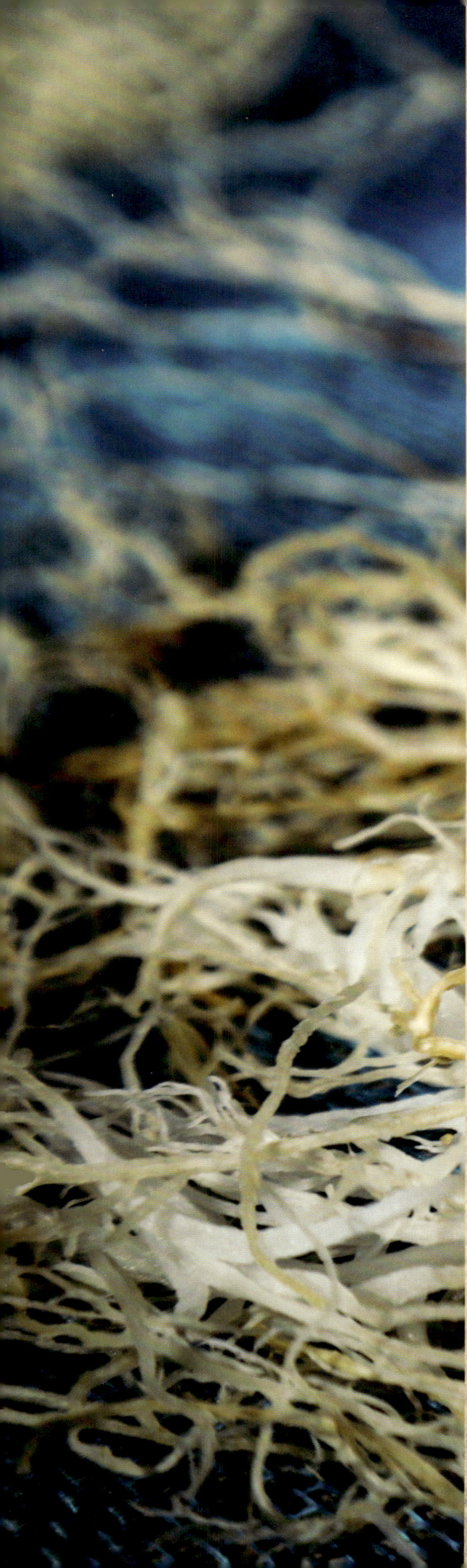

Pizza de manjericão e alga marinha

O que leva a massa de uma pizza?

200 ml de leite (1 copo)
10 g de fermento para pão
1 colher de sopa de manteiga
1 ovo inteiro
1 pitada de orégano
Sal a gosto
Farinha de trigo sem fermento suficiente para fazer a massa se desprender das mãos

O que leva o recheio?

10 g de alga marinha gracilária desidratada
300 g de queijo muçarela
1 xícara de folhinhas de agrião
50 g de molho de tomate
Folhas de manjericão e azeitonas verdes sem caroço (tudo a gosto)
Azeite a gosto (para regar/finalizar)

Como preparar a massa?

Coloque o leite e o fermento em um mesmo recipiente. Dissolva bem o pó. Feito isso, acrescente a manteiga e o ovo. Dê outra mexida. Acrescente sal a gosto e, com as mãos, vá acrescentando a farinha de trigo e misturando tudo, sentindo a massa se desprender das mãos. Reserve por 40 minutos para descansar a massa.

Como montar seu prato?

Pegue a alga hidratada, abra a massa e coloque na fôrma própria para pizza. Passe molho de tomate pronto. Acrescente queijo muçarela sobre toda a circunferência da pizza. Sobre ela, espalhe a alga de forma equilibrada. Jogue, em seguida, o orégano e a azeitona por cima. Regue a pizza com azeite e coloque tudo no forno preaquecido. Deixe-a assando por 15 a 20 minutos. Quando retirá-la do fogo, acrescente o manjericão.

Dica!

A alga pode ser utilizada de maneiras diferentes nesta receita. Para variar, você pode também acrescentar a alga só após a retirada da pizza do forno. Ou, ainda, pode colocar a alga na pizza ainda crua, tendo sido antes regada no aceto balsâmico ou no molho shoyo.

1 motivo a mais para saborear as algas marinhas

Como já dissemos, poucas páginas atrás, as algas marinhas *gracilárias* são muito abundantes no litoral cearense, mas, ainda, subutilizadas na culinária local. Há milênios, no entanto, macroalgas marinhas como as que ocorrem no Ceará, vêm sendo utilizadas pelos povos orientais como parte fundamental de sua dieta alimentar. Elas têm propriedades culinárias por seus sais minerais e vitaminas, além de diminuírem os impactos ambientais causados por fertilizantes. Na indústria cosmética, elas também são bastante utilizadas.

De maneira geral, as algas marinhas são ricas em proteína e carboidrato. Algumas espécies apresentam nas suas composições de aminoácidos elevadas quantidades de arginina, ácido aspártico, ácido glutâmico, glicina e alanina. São, também, fontes promissoras de alguns minerais requeridos pelo homem, como, por exemplo, o iodo. Têm sido encontradas em algumas espécies quantidades apreciáveis de vitaminas A, B1, B2, B12 e C.

Fonte: "Classificação taxonômica e composição química de algas marinhas vermelhas". Comunicado técnico 150 - Embrapa Meio Norte. Dezembro/2002. Autores: Sandra Maria de Souza e Silva; Marjory L. Holanda; Ilka Maria Vasconcelos; Norma Maria Barros Benevides.

Guajiru

Esta frutinha doce que dá nome a uma linda praia do litoral oeste cearense merece pelo menos uma receita por aqui. Arroxeada e docinha, pode ser usada em receitas e também é uma delícia quando colhida do pé e apreciada ali mesmo. Além de suas propriedades nutritivas, ela também é utilizada na medicina popular.

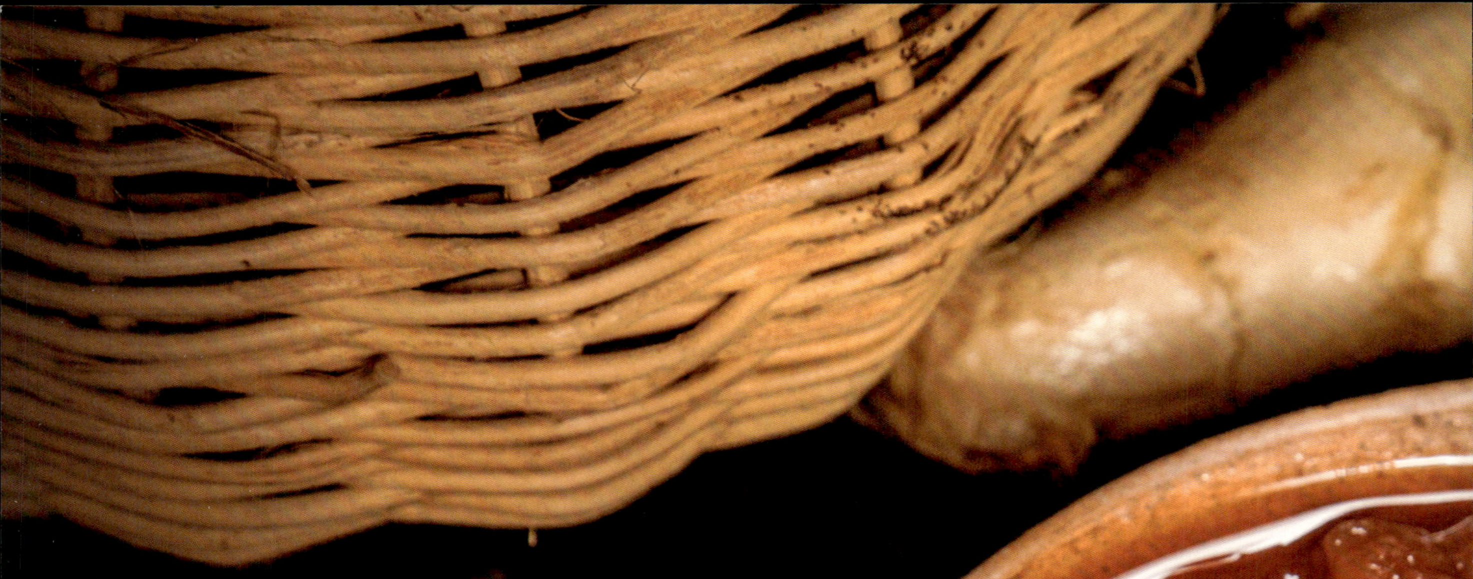

Geleia com guajiru e gengibre

O que leva?

1 kg do fruto do guajiru (como é um fruto muito levinho, 1 kg rende uma boa quantidade)
700 g de açúcar cristal
50 g de gengibre descascado e cortado aos pedaços
1 litro de água

Como preparar?

Cozinhe o guajiru inteiro no litro de água. Depois de cozido, retire-o e reserve a água. Deixe o fruto esfriar e passe-o em uma peneira para retirar as sementes. Ele fica bem molinho quando sai do cozimento. Feito isso, volte com a massa para a panela ao fogo. Acrescente o gengibre e o açúcar. Deixe a mistura alcançar o ponto de geleia (lembre-se daquela dica: o ponto de geleia é alcançado quando se passa a colher ao fundo e a mistura vai abrindo). Deixe esfriar e volte com ela para a geladeira, onde deve ficar conservada.

Dica!

Em vez do gengibre, pode ser colocada outra essência de sua preferência. Sugestões: suco de maracujá, raspa de casca de laranja, cravo e canela etc. O guajiru não tem sabor definido, mas há quem associe alguma semelhança ao sabor do jambo. Acho-o apenas adocicado. Interessante também comer a geleia do guajiru com torradas ou transformá-la em cobertura de tortas – neste caso, serve também como recheio.

Tia Nilza

A cearense Maria Nilza de Mendonça nasceu em 26 de outubro de 1940, na cidade de Guaraciaba do Norte, onde morou até os 10 anos de idade. De lá, mudou-se com a família para uma temporada de quatro anos em Fortaleza. Ela é a mais velha de uma família de oito irmãos. O início da adolescência foi vivido com brincadeiras no Centro da capital cearense – a Rua São Paulo abrigou a família até que Nilza completasse 14 anos e retornasse à cidade natal.

Morou ainda no Rio de Janeiro (RJ), em Curitiba (PR), onde se casou com um cearense, oficial da aeronáutica, em São Paulo (SP), Manaus (AM), Salvador (BA) até se fixar em Fortaleza novamente, onde mora desde 1989.

Mãe de filha única e avó de um netinho, Nilza Mendonça é autodidata. Sem formação profissional na área da Gastronomia, aprendeu a cozinhar em casa, com experiências familiares, em fogões à lenha e cozinhas imensas. Encantou-se com o mundo dos doces e foi aperfeiçoando o dom a cada aniversário da filha, até começar a receber encomendas, ampliar o repertório e viver do próprio talento.

No início dos anos 1990, Nilza começou a fazer trabalhos para o Senac Ceará, tendo sido contratada efetivamente em 2002, quando passou a fazer constantes trabalhos na Unidade Móvel, percorrendo todo o Ceará.

Em 2013, durante o evento Mesa ao Vivo Ceará recebeu o prêmio "Personalidade Gastronômica", na premiação Melhores do Ano de Prazeres da Mesa. E convite para palestrar no "Mesa Tendências" durante o evento Semana Mesa SP, um dos mais importantes congressos gastronômicos da América Latina.

"Tia Nilza", como costuma ser carinhosamente chamada pelos milhares de alunos que já aprenderam com ela, tem 74 anos e nem sonha em parar de ensinar.

1. Com a caseira (também chamada de moradeira) Raimunda, no sitio Lagoa dos Mendonça, em viagem de pesquisa dos ingredientes a Guaraciaba do Norte. O sitio Lagoa dos Mendonça é do seu tio.

2. Com Diniz Moreira, em Quixadá, na fazenda de plantação da palma-forrageira sem espinho, do tipo "raquete". Na fazenda, também é cultivada o tipo "orelha de elefante".

1

2

3. Nilza carrega uma jaca que acabara de colher e dona Raimunda leva um balde com buriti, além de uma jaca na cabeça. Sitio Lagoa dos Mendonça.

4. Na localidade Várzea dos Espinhos, a 30 quilômetros de Guaraciaba do Norte, Nilza visita a casa de dona Maria Eurídice, onde na rua em frente a casa tem um pé de munguba. Nas conversas, elas descobrem que os pais foram grandes amigos.

5. Colhendo guajirus em Flecheiras.

1. Em Guaramiranga no jardim da casa de seu "Raimundo do Mel", criador de abelhas silvestres. Seu Raimundo explica as propriedades da "moringa". Segundo ele, a planta é um verdadeiro supermercado e farmácia, porque tanto é medicinal como alimenta.

2. Em Guaraciaba do Norte (CE), catando os buritis que caem do alto da árvore.

3. Ainda em Guaraciaba do Norte, colhendo mungubas em árvore da rua, acompanhada por José Ronaldo, amigo de infância.

4. Produção das fotos com Bruno Modolo no estúdio do Gentil Barreira.

5. Em Flecheiras, no processo de desidratação das algas marinhas.

Referências bibliográficas

CALZAVARA, Batista Benito Gabriel. **Fruticultura tropical**: a fruta-pão. Centro de Pesquisa Agropecuária do Trópico Úmido (CPATU) / Empresa Brasileira de Pesquisa Agropecuária (Embrapa). Belém-PA: Falangola, 1987. 24 p.

CAMPOS, Eduardo. **A gramática do paladar**: antepasto de velhas receitas. Fortaleza: Editora Casa de José de Alencar, 1996. 127 p.

CARVALHO, Gilmar de. **Tramas da cultura**: comunicação e tradição. Museu do Ceará, Secretaria da Cultura do Estado do Ceará, 2005. 112 p.

_. (texto) e SOUSA, Francisco (fotos). **Artes da tradição**: mestres do povo. Laboratório de Estudos da Oralidade UFC/Uece, 2005. 268 p.

FREYRE, Gilberto. **Região, tradição e cozinha**. Ilustrado por Cícero Dias. Rio de Janeiro – RJ: Editora José Olympio, 1941. 264 p.

LODY, Raul. **Brasil bom de boca**: temas da antropologia da alimentação. São Paulo: Editora Senac, 2008. 424 p.

OUTRAS FONTES CONSULTADAS

A CULTURA do tamarindeiro. Núcleo de Estudo em Fruticultura no Cerrado/ Instituto de Ciências Agrárias/ Universidade Federal de Uberlândia: Disponível em: <http://www.fruticultura.iciag.ufu.br/tamarindo.htm>. Acesso em: 12 jan. 2015.

BOTELHO, Lidiane. Avaliação química da casca e cilindro central do abacaxi (Smooth cayenne), visando ao seu aproveitamento na alimentação humana. Dissertação de Mestrado. Universidade Federal de Lavras - MG, 1998.

BREADFRUIT Institute. National Tropical Botanical Garden (NTBG) – Havaí. Disponível em: <http://www.ntbg.org/breadfruit>. Acesso em: 12 dez. 2014.

CARNEIRO, Henrique. Professor de História na USP, em entrevista à Folha de S. Paulo, em matéria intitulada "Do luxo ao lixo" (20 maio 2007): Disponível em: <http://www1.folha.uol.com.br/fsp/mais/fs2005200708.htm>. Acesso em: 15 fev. 2015.

IBGE. Instituto Brasileiro de Geografia e Estatística. Produção agrícola municipal 2012. Consultado em 25/10/2013 pela Embrapa Mandioca e Fruticultura.

ISPN. Instituto Sociedade, População e Natureza. Disponível em: <http://www.ispn.org.br>. Acesso em: 20 out. 2015.

LIMA, Rosália Maria Tôrres de. Fruto da castanhola (Terminalia Catappa Linn): compostos bioativos, atividade antioxidante e aplicação tecnológica. Dissertação de mestrado defendida no Programa de Pós-Graduação em Alimentos e Nutrição (PPGAN) da Universidade Federal do Piauí (2012) – 98 p.

SILVA, Sandra Maria de Souza e; HOLANDA, Marjory L.; VASCONCELOS, Ilka Maria Vasconcelos e BENEVIDES, Norma Maria Barros. Classificação taxonômica e composição química de algas marinhas vermelhas. Comunicado técnico 150 – Embrapa Meio-Norte. Dezembro/2002.

Unidades Descentralizadas da Empresa Brasileira de Pesquisa Agropecuária (Embrapa): Embrapa Hortaliças (www.embrapa.br/hortalicas); Embrapa Mandioca e Fruticultura (www.embrapa.br/mandioca-e-fruticultura).

Agradecimentos

Ana Cláudia Martins Maia Alencar
Bernard Twardy
Bruno Modolo
Dário Gabriel
Fernando Barroso
Indie Café Bistrô
Ivan Prado
Luis Davi Alves Lima
Luiz Gastão Bittencourt da Silva
Raquel Chaves
Roberto Araújo

Este livro foi composto na
tipografia Museo Sans e impresso
em papel couchê fosco 150 g/m^2,
pela gráfica Santa Marta,
em agosto de 2015.